高一同學的目標

1. 「用會話背7000字①」書＋CD 280元

以三個極短句為一組的方式，讓同學背了會話，同時快速增加單字。高一同學要從「國中常用2000字」挑戰「高中常用7000字」，加強單字是第一目標。

2. 「一分鐘背9個單字」書＋CD 280元

利用字首、字尾的排列，讓你快速增加單字。一次背9個比背1個字簡單。

3. rival

rival⁵（'raɪvl̩）n. 對手 ⎫
arrival³（ə'raɪvl̩）n. 到達 ⎬ 都有 rival
festival²（'fɛstəvl̩）n. 節日；慶祝活動 ⎭

revival⁶（rɪ'vaɪvl̩）n. 復甦 ⎫
survival³（sə'vaɪvl̩）n. 生還 ⎬ 字尾是 vival
carnival⁶（'kɑrnəvl̩）n. 嘉年華會 ⎭

carnation⁵（kɑr'neʃən）n. 康乃馨 ⎫
donation⁶（do'neʃən）n. 捐贈 ⎬ 字尾是 nation
donate⁶（'donet）v. 捐贈 ⎭

3. 「一口氣考試英語」書＋CD 280元

把大學入學考試題目編成會話，背了以後，會說英語，又會考試。

例如：

> What a nice surprise!（真令人驚喜！）【常考】
> I can't believe my eyes.
> （我無法相信我的眼睛。）
> *Little did I dream of seeing you here.*
> （做夢也沒想到會在這裡看到你。）【駒澤大】

4. 「一口氣背文法」書＋CD 280元

英文文法範圍無限大，規則無限多，誰背得完？劉毅老師把文法整體的概念，編成216句，背完了會做文法題、會說英語，也會寫作文。既是一本文法書，也是一本會話書。

1. 現在簡單式的用法

I *get up* early every day.	我每天早起。
I *understand* this rule now.	我現在了解這條規定了。
Actions *speak* louder than words.	行動勝於言辭。

【二、三句強調實踐早起】

5. 「高中英語聽力測驗①」書＋MP3 280元

6. 「高中英語聽力測驗進階」書＋MP3 280元

高一月期考聽力佔20%，我們根據大考中心公布的聽力題型編輯而成。

7. 「高一月期考英文試題」書 280元

收集建中、北一女、師大附中、中山、成功、景美女中等各校試題，並聘請各校名師編寫模擬試題。

8. 「高一英文克漏字測驗」書 180元

9. 「高一英文閱讀測驗」書 180元

全部取材自高一月期考試題，英雄所見略同，重複出現的機率很高。附有翻譯及詳解，不必查字典，對錯答案都有明確交待，做完題目，一看就懂。

高二同學的目標──提早準備考大學

1. 「用會話背7000字①②」
   書+CD，每冊280元

「用會話背7000字」能夠解決所有學英文的困難。高二同學可先從第一冊開始背，第一冊和第二冊沒有程度上的差異，背得越多，單字量越多，在腦海中的短句越多。每一個極短句大多不超過5個字，1個字或2個字都可以成一個句子，如：「用會話背7000字①」p.184，每一句都2個字，好得不得了，而且與生活息息相關，是每個人都必須知道的知識，例如：成功的秘訣是什麼？

11. What are the keys to success?

Be *ambitious*.	要有<u>雄心</u>。
Be *confident*.	要有<u>信心</u>。
Have *determination*.	要有<u>決心</u>。
Be *patient*.	要有<u>耐心</u>。
Be *persistent*.	要有<u>恆心</u>。
Show *sincerity*.	要有<u>誠心</u>。
Be *charitable*.	要有<u>愛心</u>。
Be *modest*.	要<u>虛</u>心。
Have *devotion*.	要<u>專心</u>。

當你背單字的時候，就要有「雄心」，要「決心」背好，對自己要有「信心」，一定要有「耐心」和「恆心」，背書時要「專心」。

背完後，腦中有2,160個句子，那不得了，無限多的排列組合，可以寫作文。有了單字，翻譯、閱讀測驗、克漏字都難不倒你了。高二的時候，要下定決心，把7000字背熟、背爛。雖然高中課本以7000字為範圍，編者者為了便宜行事，往往超出7000字，同學背了少用的單字，反倒忽略真正重要的單字。千萬記住，背就要背「高中常用7000字」，背完之後，天不怕、地不怕，任何考試都難不倒你。

2.「時速破百單字快速記憶」書 250元

字尾是 try，重音在倒數第三音節上

entry[3] (ˈɛntrɪ) *n.* 進入【No entry. 禁止進入。】
country[1] (ˈkʌntrɪ) *n.* 國家；鄉下【ou 讀 /ʌ/，為例外字】
ministry[4] (ˈmɪnɪstrɪ) *n.* 部【mini = small】

chemistry[4] (ˈkɛmɪstrɪ) *n.* 化學
geometry[5] (dʒiˈɑmətrɪ) *n.* 幾何學【geo 土地，metry 測量】
industry[2] (ˈɪndəstrɪ) *n.* 工業；勤勉【這個字重音常唸錯】

poetry[1] (ˈpo‧ɪtrɪ) *n.* 詩
poultry[4] (ˈpoltrɪ) *n.* 家禽 ⎱字尾 y 表「集合名詞」
pastry[5] (ˈpestrɪ) *n.* 糕餅

3.「高二英文克漏字測驗」書 180元

4.「高二英文閱讀測驗」書 180元
全部選自各校高二月期考試題精華，英雄所見略同，再出現的機率很高。

5.「7000字學測試題詳解」書 250元
一般模考題為了便宜行事，往往超出7000字範圍，無論做多少份試題，仍然有大量生字，無法進步。唯有鎖定7000字為範圍的試題，才會對準備考試有幫助。每份試題都經「劉毅英文」同學實際考過，效果奇佳。附有詳細解答，單字標明級數，對錯答案都有明確交待，不需要再查字典，做完題目，再看詳解，快樂無比。

6.「高中常用7000字解析【豪華版】」書 390元
按照「大考中心高中英文參考詞彙表」編輯而成。難背的單字有「記憶技巧」、「同義字」及「反義字」，關鍵的單字有「典型考題」。大學入學考試核心單字，以紅色標記。

7.「高中7000字測驗題庫」書 180元
取材自大規模考試，解答詳盡，節省查字典的時間。

編者的話

取代「國中基測」,「國中教育會考」自 2014 年開始舉辦,已經六年,作爲九年級生進入高中成績評量的重要標準。相較於基測,難度和鑑別度都更高。

「學習出版公司」以最迅速的脚步,出版「**108 年國中教育會考各科試題詳解**」,展現出最驚人的效率。本書包含 108 年度「國中會考」各科試題:英語、數學、社會、自然和國文,書後並附有心測中心所公布的各科選擇題答案。

另外,在英語科詳解後面,還附上了**英語科試題修正意見**。本書還提供了國中會考「**英語科聽力**」的聽力原文和**詳解**,這是「學習出版公司」在聽力音檔一公布後,立即請外籍編輯聽寫下來的文稿,並附上中文翻譯和註釋,搶先獨家收錄。

這本書的完成,要感謝各科名師全力協助解題:

英語 / 蔡琇瑩老師・謝靜芳老師・藍郁婷老師

美籍老師　Laura E. Stewart

Edward McGuire

Shannon McGuire

Stephonie Hesterberg

數學 / 劉　星老師

社會 / 劉成霖老師・吳　曄老師・蔡承峰老師

國文 / 蘇峻德老師　　　自然 / 余　天老師

本書編校製作過程嚴謹,但仍恐有缺失之處,尚祈各界先進不吝指正。

劉毅

CONTENTS

108 年國中教育會考英語科試題

閱讀測驗（第 1-41 題，共 41 題）

第一部分：單題（第 1-15 題，共 15 題）

1. Look at the picture. The mother duck is _____ the baby ducks across the street.
   (A) carrying
   (B) leading
   (C) pushing
   (D) watching

2. Ms. Liu usually gives us a lot of homework, _____ she didn't give us any today.
   (A) but　　(B) if　　(C) or　　(D) so

3. Playing games on the cellphone _____ popular with high school students.
   (A) is　　(B) are　　(C) being　　(D) to be

4. There _____ more than twenty clubs in our school. Which one would you like to join?
   (A) has　　(B) have　　(C) is　　(D) are

5. Diane had a bad cold last week. She is still too _____ to go mountain climbing with you.
   (A) busy　　(B) short　　(C) weak　　(D) young

6. The book under Mary's desk is _____, but I don't know why it is there.
   (A) us　　(B) me　　(C) my　　(D) mine

7. Last night a garbage truck hit a tree and turned over. Now the street is _____ with lots of garbage.
   (A) dark   (B) dirty   (C) heavy   (D) poor

8. It almost killed Kevin to take care of his baby sister for one afternoon. He wondered how his mom could do _____ every day.
   (A) her   (B) it   (C) one   (D) them

9. Joyce tells her brother everything. She never _____ anything from him.
   (A) covers   (B) believes
   (C) hides   (D) takes

10. Ben always uses his birthday as a(n) _____ to ask Dad to buy him something expensive.
    (A) action   (B) excuse   (C) prize   (D) rule

11. _____ that last piece of pie? If not, can I have it? I didn't eat much this morning.
    (A) Had you eaten   (B) Were you eating
    (C) Do you eat   (D) Are you going to eat

12. Everyone in the class enjoys playing chess _____ Bill; he thinks the game is boring.
    (A) except   (B) for   (C) like   (D) of

13. In my school days, I _____ to English radio programs every day. That was how I learned English at that time.
    (A) listen   (B) have listened
    (C) used to listen   (D) was listening

14. Tom's voice _____ when he talks about his neighbors. He speaks faster, his face becomes redder and you can almost see fire in his eyes.

   (A) appears   (B) drops   (C) grows   (D) rises

15. _____ other waiters in the restaurant have worked here longer than Clark; only Lois and Lana started working here before him.

   (A) All   (B) Most   (C) Some   (D) Few

第二部分：題組（第 16-41 題，共 26 題）

（16-17）

Making goulash
we don't talk much,
Daddy and me.

"The talking's in the making, son,"
he smiles.
I see what he means.

It's in the knife
meeting the beef,

in the dancing of potatoes
as they turn in the water,
in the singing
of boiling soup in the pot.

There are enough words
in the way
Daddy teaches me his famous dish
and the way he hugs me
when we finish.

Making goulash
we don't talk much,
Daddy and me,

but everything is said.

(Ideas from Candace Pearson's poem)

📖 poem 詩

16. What are "Daddy and me" doing in the poem?

    (A) Eating.   (B) Singing.

    (C) Dancing.   (D) Cooking.

17. What can we most likely know about the speaker?

    (A) He seldom understands his father.

📖 likely 可能

    (B) He enjoys his time with his father.

    (C) He often makes goulash for his father.

    (D) He wants to be as famous as his father.

（18-19）

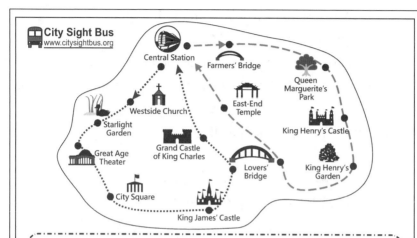

⊕ **OPENING HOURS**
  ◆ High Season (April to September): 9:00 – 18:00 every day
  ◆ Low Season (October to March): 9:00 – 17:00 every day

⊕ **TICKET PRICES**
  ◆ Line A (⋯⋯⋯►): $20 each person
  ◆ Line B (— — —►): $18 each person

⊕ **THINGS YOU SHOULD KNOW**
  ◆ Buses for both lines leave every hour from Central Station.
  ◆ Line A takes one hour; Line B takes 50 minutes.
  ◆ If you are taking your pet with you, please buy a seat for it at half price.
  ◆ Save 10% if you buy tickets on the Internet.
  ◆ Save 10% if you buy tickets for both lines.
  ◆ Go to www.citysightbus.org for more information.

18. Which is true about City Sight Bus tickets?

    (A) It costs less to buy tickets on the Internet.

    (B) People must pay the full ticket price for a pet.

    (C) Tickets are more expensive in the high season.

    (D) People save 10% if they buy two tickets for the same line.

19. Which is true about the bus lines?

    (A) Line B takes more time.

    (B) Both lines cross Farmers' Bridge.

    (C) Both lines leave from Central Station.

    (D) There are more gardens to see on Line A.

(20-22)

Sarah : You're VERY popular today. I've had seventeen calls asking for you.

Mike : Finally! After all these years of kicking and running, I've got my own fans! So what did they want? My photos? Do I need to sign my name? Are they starting a fan club for me?

Sarah : Well, let me ask you this: What day was yesterday?

Mike : Friday… Why?

Sarah : Did you forget something?

Mike : Did I forget… OH, NO! I didn't pick up my soccer team's sport shirts from the shop! And we're having this big game tomorrow!

Sarah : Yeah. And from what I've heard, it's your team's most important game this season.

Mike : OK. I have to go fix this now.

Sarah : Too late. They've tried. It's not open on the weekend. And if you want to know, they are Johnny, Ricky, Archie, Freddie…

Mike : I know, I know, everyone on my team. Oh, I'm a dead man now.

Sarah : Yeah, that was what they said on the phone, seventeen times.

20. Why were there seventeen calls asking for Mike?

(A) His team was angry at him.

(B) He is a popular soccer player.

(C) He did not show up for the game on Friday.

(D) His name did not appear on the list of players.

21. What does It mean in the dialogue?

(A) The shop.

(B) The fan club.

(C) The soccer game.

(D) The soccer season.

22. What can we learn about Mike?

(A) He is nice to people from his fan club.

(B) He plays soccer with Johnny and Ricky.

(C) He found a way to fix the trouble he made.

(D) He decided not to go to the game on Sunday.

（23-25）

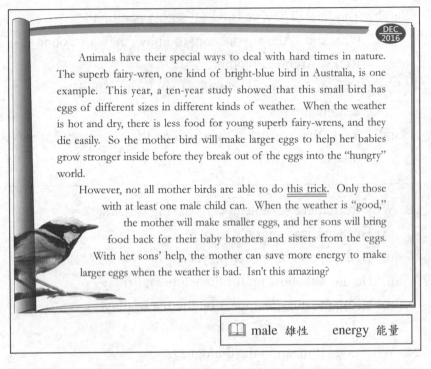

DEC 2016

Animals have their special ways to deal with hard times in nature. The superb fairy-wren, one kind of bright-blue bird in Australia, is one example. This year, a ten-year study showed that this small bird has eggs of different sizes in different kinds of weather. When the weather is hot and dry, there is less food for young superb fairy-wrens, and they die easily. So the mother bird will make larger eggs to help her babies grow stronger inside before they break out of the eggs into the "hungry" world.

However, not all mother birds are able to do this trick. Only those with at least one male child can. When the weather is "good," the mother will make smaller eggs, and her sons will bring food back for their baby brothers and sisters from the eggs. With her sons' help, the mother can save more energy to make larger eggs when the weather is bad. Isn't this amazing?

📖 male 雄性　　energy 能量

23. Which is the best title for this reading?

📖 title 標題

(A) Australia: The Best Place for Birds.

(B) Mother Bird Fights Weather Changes.

(C) Larger Mother Birds Have Larger Eggs.

(D) Family Love: Brothers & Sisters Work Together.

24. What does this trick mean in the reading?

(A) Having eggs of different sizes.

(B) Growing stronger inside the egg.

(C) Saving food for weaker baby birds.

(D) Helping baby birds break out of the eggs.

25. What can we learn about superb fairy-wrens from the reading?

    (A) Male birds can usually live for ten years.

    (B) Baby birds grow well in hot, dry weather.

    (C) Young male birds share the job of feeding the baby birds.

    (D) Mother birds make smaller eggs when there is less food outside.

(26-28)

Here are two pieces of news that Annie collected for her report.

Papier-mâché is works of art that are made of paper. In Taiwan, it is known as *zhizha* and is usually burned as a gift for dead people. Taiwan's papier-mâché is dying because it is not much needed now. However, this dying art won a Frenchman's heart when he visited the island. He then invited one of the papier-mâché shops, Hsin Hsin Paper Offering Store, to show their beautiful works in France. The shop owner's son also used papier-mâché in a way that no one ever thought of—making a movie with it.

Stan Lai is very important in Taiwan's theater. He brought changes to Chinese theater art of the old days to make it closer to our life experiences and easier to understand. One of his most famous works is *That Evening, We Performed Crosstalk* (1985). It was such a <u>smash hit</u> that people became interested again in *xiangsheng*, a show of funny talk between two actors.

 This art used to be a hobby that only a few people shared, but Lai has opened a bigger market for it. Now it has fans across all ages.

📖 work 作品

26. What idea is talked about in both pieces of news?
    (A) More young people need to join in making art.
    (B) People's ways of enjoying art change with time.
    (C) Bringing important art works to Taiwan from abroad.
    (D) Giving new life to old arts that were almost forgotten.

27. What does it mean when something is a <u>smash hit</u>?
    (A) It is old.
    (B) It is successful.
    (C) It is foreign.
    (D) It is useful.

28. What do we know from the news?

(A) Lai has taught *xiangsheng* in many schools.

(B) Lai often puts his own life stories into his art works.

(C) The owner of Hsin Hsin Paper Offering Store is a Frenchman.

(D) People do not burn papier-mâché for dead people as often as before.

(29-32)

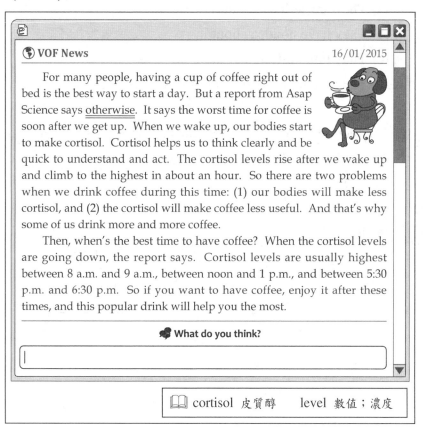

VOF News   16/01/2015

For many people, having a cup of coffee right out of bed is the best way to start a day. But a report from Asap Science says <u>otherwise</u>. It says the worst time for coffee is soon after we get up. When we wake up, our bodies start to make cortisol. Cortisol helps us to think clearly and be quick to understand and act. The cortisol levels rise after we wake up and climb to the highest in about an hour. So there are two problems when we drink coffee during this time: (1) our bodies will make less cortisol, and (2) the cortisol will make coffee less useful. And that's why some of us drink more and more coffee.

Then, when's the best time to have coffee? When the cortisol levels are going down, the report says. Cortisol levels are usually highest between 8 a.m. and 9 a.m., between noon and 1 p.m., and between 5:30 p.m. and 6:30 p.m. So if you want to have coffee, enjoy it after these times, and this popular drink will help you the most.

🗨 **What do you think?**

|

📖 cortisol 皮質醇   level 數值；濃度

29. Which idea is talked about in the news?

    (A) How often we should drink coffee.

    (B) What happens when we have too much coffee.

    (C) How to help the body make the cortisol we need.

    (D) What happens when we have coffee at the wrong time.

30. What does it mean when someone thinks <u>otherwise</u> about something?

    (A) They are serious about it.

    (B) They have no idea about it.

    (C) They think differently about it.

    (D) They do not think it is a problem.

31. The picture below shows how the cortisol levels rise and fall during the day. From the news, which is a good time for coffee?

    (A) A.

    (B) B.

    (C) C.

    (D) D.

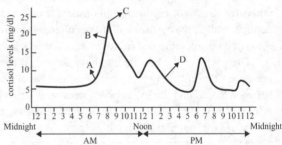

32. Four people read the news and wrote what they thought about it.

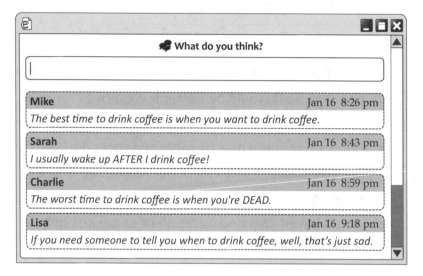

What did they think about the news?

(A) They wanted to try what it said.

(B) They were sad about what it said.

(C) They did not agree with what it said.

(D) They were not surprised at what it said.

（33-35）

Below is part of a new shopping center's market report.

Our busiest time is weekend afternoons, between 1:30 p.m. and 3:30 p.m. About half the business of the week is done then. So it would be better if we move Weekend's Best Buy from Saturday evening to Saturday afternoon when there may be more shoppers during the sale. We should also think about having more free buses during the weekend, as 75% of the shoppers who were interviewed said two buses an hour are just not enough.

Weekend evenings are second busiest, though it is not as good as last season. An interesting fact is that business is better on weekday evenings, usually one hour before closing, than on weekend mornings. Most of the shoppers then are people who live near or working parents who do their last-minute shopping. They together make up almost 60% of the business on weekday evenings.

It might bring in more business if we open half an hour longer during weekdays, until 10:30 p.m.

📖 as 由於　　make up 構成；組成

33. What does the report NOT suggest?

📖 suggest 建議

　　(A) Having more free buses for shoppers.

　　(B) Changing the opening hours on weekdays.

　　(C) Making plans to help weekday morning business.

　　(D) Changing the time of the special sale on weekends.

34. What does the report say about the shopping center?

　　(A) Its business on weekdays is not as good as last season.

　　(B) It has a special sale one hour before closing every day.

　　(C) Most of the shoppers take the free buses to the shopping center.

　　(D) A large part of its shoppers on weekday evenings are working parents.

35. Which picture is most likely used in the report?

(A)

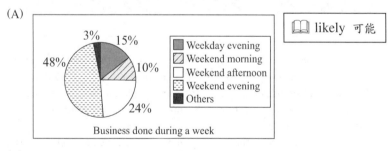

📖 likely 可能

(B)

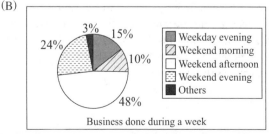

(C)

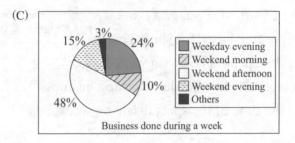

Business done during a week

(D)

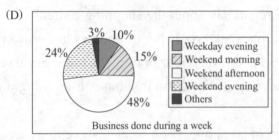

Business done during a week

（36-37）

Dear Maggie,

I know you won't be happy but I still have to say this again. It hurts me to think that you're going to __36__. I know you've always wanted to be like those actresses with big eyes and slim legs, but in fact you are already beautiful. What you are born with makes you special because nobody looks the same as you.

It worries me more that __37__. But sadly, there's no quick fix to this, not even with the doctor's help. If you don't try to like yourself first, no one else will. People like you not because of your face, but because of your heart. You need to understand this first. Until you understand this, nothing is going to be different even if you have this change.

I truly hope you think this through again.

Love,
Linda

36. (A) change the way you are
   (B) give up being an actress
   (C) travel with a theater group
   (D) run away from your friends

37. (A) you're too shy to talk with people
   (B) you just don't want to be like others
   (C) you don't think you're good enough
   (D) you don't know what you've missed

（38-41）

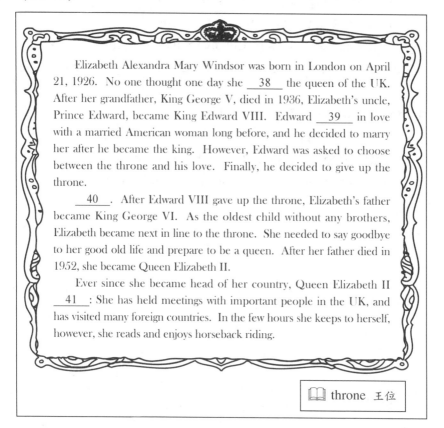

Elizabeth Alexandra Mary Windsor was born in London on April 21, 1926. No one thought one day she __38__ the queen of the UK. After her grandfather, King George V, died in 1936, Elizabeth's uncle, Prince Edward, became King Edward VIII. Edward __39__ in love with a married American woman long before, and he decided to marry her after he became the king. However, Edward was asked to choose between the throne and his love. Finally, he decided to give up the throne.

__40__. After Edward VIII gave up the throne, Elizabeth's father became King George VI. As the oldest child without any brothers, Elizabeth became next in line to the throne. She needed to say goodbye to her good old life and prepare to be a queen. After her father died in 1952, she became Queen Elizabeth II.

Ever since she became head of her country, Queen Elizabeth II __41__ : She has held meetings with important people in the UK, and has visited many foreign countries. In the few hours she keeps to herself, however, she reads and enjoys horseback riding.

📖 throne 王位

38. (A) has become
    (B) became
    (C) had become
    (D) would become

39. (A) has fallen
    (B) is falling
    (C) had fallen
    (D) would fall

40. (A) This changed Elizabeth's life
    (B) It was not easy to give up the throne
    (C) It was good news to Elizabeth and her family
    (D) This part of history made the UK a strong country

41. (A) has worked hard for the UK
    (B) has been popular with the people of the UK
    (C) has been the queen of the UK for a long time
    (D) has brought the people of the UK much closer

聽力測驗（第 1-21 題，共 21 題）

第一部分：辨識句意（第 1-3 題）

作答說明：每題均有三張圖片，請依據所聽到的句子，選出符合描述的圖片，每題播放兩次。

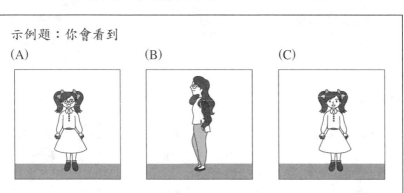

示例題：你會看到
(A)　　　　　　　(B)　　　　　　　(C)

然後你會聽到……（播音）。依據所播放的內容，正確答案應該選 A，請將答案卡該題「Ⓐ」的地方塗黑、塗滿，即：● Ⓑ Ⓒ

第 1 題
(A)　　　　　　　(B)　　　　　　　(C)

第 2 題

(A)   (B)   (C)

第 3 題

(A)   (B)   (C)

第二部分：基本問答（第 4-10 題）

作答說明： 每題均有三個選項，請依據所聽到的內容，選出一個最
     適合的回應，每題播放兩次。

示例題：你會看到

(A) She is talking to the teacher.

(B) She is a student in my class.

(C) She is wearing a beautiful dress.

然後你會聽到……（播音）。依據所播放的內容，正確答案應該
選 B，請將答案卡該題「Ⓑ」的地方塗黑、塗滿，即：Ⓐ ● Ⓒ

第 4 題

(A) You can try it on.

(B) I went to the store on foot.

(C) It's a present from my aunt.

第 5 題

(A) I like guavas the best.

(B) I hate bananas and peaches.

(C) I eat French fries all the time.

第 6 題

(A) I don't have a car, either.

(B) Don't worry; I'll be careful.

(C) I know, but I hate to go alone.

第 7 題

(A) I'm serious.

(B) I hope it's good.

(C) I'll have the same.

第 8 題

(A) Thanks. You are very kind.

(B) Really? I bought it yesterday.

(C) Good idea. Just leave the bag there.

第 9 題

(A) I think it is quite convenient.

(B) It's just right across the park there.

(C) It might take ten to fifteen minutes.

第 10 題

(A) He is afraid to fly.

(B) He has business there.

(C) It takes sixteen hours to fly to the US.

第三部分：言談理解（第 11-21 題）

作答說明：每題均有三個選項，請依據所聽到的對話或短文內容，
　　　　　選出一個最適合的答案，每題播放兩次。

示例題：你會看到

(A) 9:50.　　(B) 10:00.　　(C) 10:10.

然後你會聽到……（播音）。依據所播放的內容，正確答案應該
選 B，請將答案卡該題「Ⓑ」的地方塗黑、塗滿，即：Ⓐ ● Ⓒ

第 11 題

(A) PE.

(B) Math.

(C) Music.

第 12 題

(A) February 13.

(B) February 14.

(C) February 15.

第 13 題

(A) A cook.

(B) A salesman.

(C) A waiter.

第 14 題

(A) Visiting a new neighbor.

(B) Moving into a new apartment.

(C) Shopping for a table and a refrigerator.

第 15 題

(A) He has seen it already.

(B) He will see it next week.

(C) He thinks it is a bad movie.

第 16 題
(A) Invite Aunt Sue to tea.
(B) Visit Aunt Sue on another day.
(C) Go to the theater on another day.

第 17 題
(A) She thinks he is a serious person.
(B) She thinks he should bake more cakes.
(C) She thinks he wants something from her.

第 18 題
(A) She failed her tests this week.
(B) She was too late to catch a boat.
(C) She lost the chance to get a ticket.

第 19 題
(A) It was borrowed.
(B) It was left at home.
(C) It was lost.

第 20 題
(A) Sleeping through the day.
(B) Seeing the woman at breakfast.
(C) Driving his mom to the train station.

第 21 題
(A) The history of photo taking.
(B) Photos of people at different ages.
(C) Photos of important times in history.

108年國中教育會考英文科試題詳解

閱讀測驗（第 1-41 題，共 41 題）

第一部分：單題（第 1-15 題，共 15 題）

1. (**B**) 看看這張圖片。母鴨正在<u>帶領</u>小鴨過馬路。

    (A) carry〔'kærɪ〕*v.* 攜帶

    (B) ***lead***〔lid〕*v.* 引導；帶領

    (C) push〔puʃ〕*v.* 推；催促

    (D) watch〔wɑtʃ〕*v.* 觀賞

    * duck〔dʌk〕*n.* 鴨子

      baby〔'bebɪ〕*adj.* 幼小的

2. (**A**) 劉女士通常給我們很多功課，<u>但</u>她今天沒有給我們任何功課。

    依句意，選 (A) ***but***「但是」。

    * Ms.〔mɪz〕*n.* 女士   homework〔'hom,wɜk〕*n.* 功課

3. (**A**) 用手機玩遊戲很受高中生歡迎。

    動名詞片語 Playing games on the cellphone 當主詞，視為單數，故選 (A) ***is***。

    * cellphone〔'sɛl,fon〕*n.* 手機 (= *cell phone*)

      popular〔'pɑpjələ〕*adj.* 受歡迎的

      be popular with 受…歡迎

4. (**D**) 在我們學校<u>有</u>二十多個社團。你想要加入哪一個？

    「there + be 動詞」表示「有」，又依句意為複數，故選 (D) ***are***。

    * club〔klʌb〕*n.* 社團   join〔dʒɔɪn〕*v.* 加入

5. (**C**) 黛安上禮拜得了重感冒。她仍然太<u>虛弱</u>，無法和你去爬山。

(A) busy〔'bɪzɪ〕*adj.* 忙碌的　　(B) short〔ʃɔrt〕*adj.* 矮的

(C) **weak**〔wik〕*adj.* 虛弱的

(D) young〔jʌŋ〕*adj.* 年輕的

* bad〔bæd〕*adj.* 嚴重的　　cold〔kold〕*n.* 感冒

too…to 太…以致於不　　climb〔klaɪm〕*v.* 爬；攀爬

6. (**D**) 在瑪麗書桌底下的那本書是<u>我的</u>，但我不知道它為什麼在那裡。

依句意，那本書是是「我的書」，故用所有代名詞 **mine**

(= *my book*)，選 (D)

7. (**B**) 昨天晚上有輛垃圾車撞到樹之後翻覆。現在街上很<u>髒</u>，有很多垃圾。

(A) dark〔dɑrk〕*adj.* 黑暗的　　(B) **dirty**〔'dɜtɪ〕*adj.* 髒的

(C) heavy〔'hɛvɪ〕*adj.* 重的　　(D) poor〔pur〕*adj.* 窮的

* garbage〔'gɑrbɪdʒ〕*n.* 垃圾　　**garbage truck** 垃圾車

hit〔hɪt〕*v.* 撞上　　**turn over** 翻覆　　**lots of** 很多的

8. (**B**) 凱文照顧他尚在襁褓中的妹妹一個下午，幾乎快筋疲力竭。他很好奇，他的媽媽是如何每天做<u>這件事</u>。

依句意，他的媽媽每天做照顧小孩的「這件事」，代名詞用 **it**，選 (B)。

* kill〔kɪl〕*v.* 殺死；使筋疲力竭　　**take care of** 照顧

baby〔'bebɪ〕*adj.* 嬰兒的　　wonder〔'wʌndɚ〕*v.* 想知道

9. (**C**) 喬依斯每件事都會告訴她的哥哥。她從未<u>隱瞞</u>他任何事。

(A) cover〔'kʌvɚ〕*v.* 覆蓋

(B) believe〔bɪ'liv〕*v.* 相信

(C) **hide**〔haɪd〕*v.* 隱藏

hide *sth.* **from** *sb.* 對某人隱藏某事

(D) take〔tek〕*v.* 拿

10. (**B**) 班總是用他的生日作<u>藉口</u>，要求爸爸買某樣昂貴的東西給他。

(A) action〔'ækʃən〕n. 行動

(B) *excuse*〔ɪk'skjus〕n. 藉口

(C) prize〔praɪz〕n. 獎品　　(D) rule〔rul〕n. 規則

* always〔'ɔlwez〕adv. 總是

expensive〔ɪk'spɛnsɪv〕adj. 昂貴的

11.(**D**) <u>你要吃最後那一塊派嗎</u>？如果不要，我可以吃嗎？我今天早上吃得不多。

依句意為未來式，選 (D) *Are you going to eat*。

* piece〔pis〕n. 片；個　　pie〔paɪ〕n. 派

have〔hæv〕v. 吃

12.(**A**) 班上的每個人都喜歡下西洋棋，<u>除了</u>比爾；他認為這個遊戲很無聊。

依句意，選 (A) *except*〔ɪk'sɛpt〕prep. 除了。

* enjoy〔ɪn'dʒɔɪ〕v. 喜歡　　chess〔tʃɛs〕n. 西洋棋

boring〔'borɪŋ〕adj. 無聊的

13.(**C**) 在我的學生時代，我<u>以前</u>每天都<u>會聽</u>英文廣播節目。那就是我那時學英文的方法。

表示以前的習慣，現在已經沒有了，用「*used to* + 原形動詞」，表「以前…」，選 (C)。

* *in one's school days* 在學生時代

radio〔'redɪ,o〕n. 收音機；廣播

program〔'progræm〕n. 節目　　*at that time* 在那時候

14.(**D**) 當湯姆談論他的鄰居時，<u>提高了</u>聲音。他說話速度更快，他的臉變得更紅，而且你幾乎可以看到他眼中的怒火。

(A) appear〔ə'pɪr〕v. 出現　　(B) drop〔drɑp〕v. 掉落

(C) grow〔gro〕v. 成長　　　(D) *rise*〔raɪz〕v. 上升；增高

* voice〔vɔɪs〕n. 聲音　　*talk about* 談論

neighbor〔'nebɚ〕n. 鄰居　　*fire in one's eye* 眼中的怒火

15.(**D**)　在餐廳裡，<u>很少</u>其他的服務生，在這裡工作的時間比克拉克久；
　　　　只有洛伊絲和拉娜在他之前就開始在這裡工作。

　　　　　依句意，只有兩人工作的時間比克拉克久，故選 (D) *Few*「很
　　　　　少」。

　　　　　* waiter〔'wetɚ〕*n.* 服務生　　restaurant〔'rɛstərənt〕*n.* 餐廳
　　　　　　Lois〔'loɪs〕*n.* 洛伊絲　　Lana〔'lænə〕*n.* 拉娜

第二部分：題組（第 16-41 題，共 26 題）

（16-17）

> 做蔬菜燉牛肉
> 我們的話不多，
> 爸爸和我。
>
> 「做菜的過程中就在交談了，兒子，」
> 他微笑著說。
> 我知道他的意思。
>
> 就在刀與
> 牛肉相遇時，
>
> 在跳動的馬鈴薯
> 於水中翻滾時，
> 在鍋子裡沸騰的湯
> 的歌聲中。
>
> 已經有足夠的話
> 在爸爸教我他的這道名菜
> 的方式中
> 以及在我們完成時
> 他擁抱我的方式中。

> 做蔬菜燉牛肉
> 我們的話不多，
> 爸爸和我，
>
> 但一切盡在不言中。
>
> （靈感來自坎迪斯・皮爾生的話）

【註釋】

goulash〔ˈgulæʃ〕*n.* 蔬菜燉牛肉　　see〔si〕*v.* 知道
mean〔min〕*v.* 意思是　　knife〔naɪf〕*n.* 刀子
meet〔mit〕*v.* 遇見　　beef〔bif〕*n.* 牛肉
potato〔pəˈteto〕*n.* 馬鈴薯　　turn〔tɜn〕*v.* 轉動
boiling〔ˈbɔɪlɪŋ〕*adj.* 沸騰的　　soup〔sup〕*n.* 湯
pot〔pɑt〕*n.* 鍋子　　words〔wɜdz〕*n. pl.* 言語；話
way〔we〕*n.* 方式　　famous〔ˈfeməs〕*adj.* 有名的
dish〔dɪʃ〕*n.* 菜餚　　hug〔hʌg〕*v.* 擁抱
finish〔ˈfɪnɪʃ〕*v.* 做完　　idea〔aɪˈdiə〕*n.* 點子；想法
Candace Pearson〔ˈkændɪs ˈpɪrsn̩〕坎迪斯・皮爾生
poem〔ˈpoˑɪm〕*n.* 詩

16.(**D**) 在這首詩中，「爸爸和我」正在做什麼？

　　(A) 吃東西。　　(B) 唱歌。　　(C) 跳舞。　　(D) <u>做菜。</u>

17.(**B**) 我們最有可能知道關於說話者的什麼？

　　(A) 他很少聽懂他父親的話。

　　(B) <u>他很享受和父親相處的時光。</u>

　　(C) 他常常為他的父親做蔬菜燉牛肉。

　　(D) 他想要和他的父親一樣有名。

　** likely〔ˈlaɪklɪ〕*adv.* 可能　　speaker〔ˈspikɚ〕*n.* 說話者
　　seldom〔ˈsɛldəm〕*adv.* 很少
　　understand〔ˌʌndɚˈstænd〕*v.* 了解；聽懂（某人說的話）
　　enjoy〔ɪnˈdʒɔɪ〕*v.* 享受；喜歡　　***as***…***as***~　和~一樣…

（18-19）

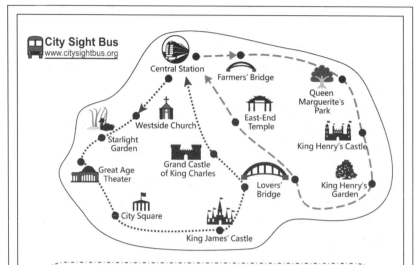

⊕ **開放時間**

　◆ 旺季（四月至九月）：每天 9:00 – 18:00

　◆ 淡季（十月至三月）：每天 9:00 – 17:00

⊕ **票價**

　◆ A 線（⋯⋯⋯⋯➤）：每人 20 美元

　◆ B 線（– – – –➤）：每人 18 美元

⊕ **你應該知道的事**

　◆ 兩線公車每小時會從中央車站發車。

　◆ A 線全程 1 小時；B 線全程 50 分鐘。

　◆ 如果你隨身攜帶寵物，請以半價購買一個位子給牠。

　◆ 如果你上網買票，可節省 10%。

　◆ 如果你買兩條路線的票，可節省 10%。

　◆ 可上 www.citysightbus.org 查詢更多的資訊。

【註釋】

sight〔saɪt〕*n.* 風景；觀光景點　　central〔'sɛntrəl〕*adj.* 中央的

farmer〔'farmɚ〕*n.* 農夫　　bridge〔brɪdʒ〕*n.* 橋

westside〔'wɛst,saɪd〕*adj.* 西邊的　　church〔tʃɝtʃ〕*n.* 教堂

east-end〔'ist,ɛnd〕*adj.* 東邊的　　temple〔'tɛmpl〕*n.* 神殿；寺廟

queen〔kwin〕*n.* 女王；皇后

Marguerite〔,margə'rit〕*n.* 瑪格麗特

starlight〔'star,laɪt〕*n.* 星光　　garden〔'gardn̩〕*n.* 花園

age〔edʒ〕*n.* 時代　　theater〔'θiətɚ〕*n.* 戲院；劇院

grand〔grænd〕*adj.* 雄偉的；偉大的　　castle〔'kæsl̩〕*n.* 城堡

lover〔'lʌvɚ〕*n.* 情人；愛人　　square〔skwɛr〕*n.* 廣場

hours〔aʊrz〕*n. pl.* 時間　　season〔'sizn̩〕*n.* 季節；時期

high season 旺季　　***low season*** 淡季　　price〔praɪs〕*n.* 價格

line〔laɪn〕*n.* (巴士) 路線　　take〔tek〕*v.* 花費

pet〔pɛt〕*n.* 寵物　　seat〔sit〕*n.* 座位　　***at half price*** 以半價

save〔sev〕*v.* 節省　　Internet〔'ɪntɚ,nɛt〕*n.* 網際網路

information〔,ɪnfɚ'meʃən〕*n.* 資訊

18. (**A**) 關於市區觀光公車的票，何者正確？

　　(A) <u>在網路上買票比較便宜。</u>

　　(B) 人們必須為寵物付全票的價錢。

　　(C) 在旺季票價比較貴。

　　(D) 如果人們買兩張同一路線的公車票會節省 10%。

　　* full〔fʊl〕*adj.* 充足的；滿的　　***full ticket*** 全票

19. (**C**) 關於公車路線，何者正確？

　　(A) B 線要花比較多的時間。

　　(B) 兩條路線都橫越農夫橋。

　　(C) <u>兩條路線都是從中央車站出發。</u>

　　(D) A 線能看到更多的花園。

　　* cross〔krɔs〕*v.* 橫越

（20-22）

莎拉：你今天**非常**受歡迎。我已經接到十七通要找你的電話。

麥克：終於！在這些年又踢又跑之後，我有了自己的球迷！所以他們想要什麼？我的照片？我需要簽名嗎？他們要爲我創立一個粉絲俱樂部嗎？

莎拉：嗯，讓我問你這個：昨天是星期幾？

麥克：星期五…爲什麼這麼問？

莎拉：你有沒有忘了什麼事？

麥克：我有沒有忘了…喔，不！我沒去商店拿我的足球隊的運動衫！而且我們明天就要舉行這場重要的比賽！

莎拉：沒錯。而且就我所聽說的，這是你們球隊這一季最重要的比賽。

麥克：好的。我必須現在去解決這個。

莎拉：太晚了。他們已經試過了。它週末沒開。而且如果你想要知道，他們是強尼、瑞奇、亞契、佛雷迪…

麥克：我知道，我知道，我們隊上的每一個人。喔，我現在死定了。

莎拉：沒錯，那就是他們在電話中說的，十七次。

【註釋】

call〔kɔl〕*n.* 電話　　***ask for*** 要求與某人談話

finally〔ˈfaɪnḷɪ〕*adv.* 最後；終於　　kick〔kɪk〕*v.* 踢

I've got 我有（= *I have*）　　fan〔fæn〕*n.*（球）迷

photo〔ˈfoto〕*n.* 照片　　sign〔saɪn〕*v.* 簽（名）

start〔stɑrt〕*v.* 創辦　　***fan club*** 粉絲俱樂部

pick up 去拿　　soccer〔ˈsɑkɚ〕*n.* 足球

shirt〔ʃɜt〕*n.* 襯衫　　big〔bɪg〕*adj.* 重要的

yeah〔jɛ〕*adv.* 是的（= *yes*）　　season〔ˈsizṇ〕*n.*（球）季

fix〔fɪks〕*v.* 解決；處理　　weekend〔'wik'ɛnd〕*n.* 週末
phone〔fon〕*n.* 電話（= *telephone* ）　　time〔taɪm〕*n.* 次

20.(**A**) 為什麼這十七通電話要找麥克？

　(A) 他的球隊對他很生氣。

　(B) 他是個受歡迎的足球選手。

　(C) 星期五的比賽他沒有出現。

　(D) 他的名字沒有出現在球員名單中。

　* *be angry at* 對…生氣　　player〔'pleɚ〕*n.* 選手；球員
　show up 出現　　appear〔ə'pɪr〕*v.* 出現
　list〔lɪst〕*n.* 名單

21.(**A**) 在對話中，<u>It</u>是指什麼？

　(A) 商店。　　　　　　　(B) 粉絲俱樂部。

　(C) 足球比賽。　　　　　(D) 足球季。

　* dialogue〔'daɪə,lɔg〕*n.* 對話

22.(**B**) 我們可以得知關於麥克的什麼事？

　(A) 他對他粉絲俱樂部的人很好。

　(B) 他和強尼及瑞奇一起踢足球。

　(C) 他找到一個方法能解決他製造的麻煩。

　(D) 他決定星期天不要去比賽。

　* learn〔lɜn〕*v.* 得知　　*play soccer* 踢足球
　way〔we〕*n.* 方法　　trouble〔'trʌbḷ〕*n.* 麻煩
　decide〔dɪ'saɪd〕*v.* 決定

（23-25）

　　在大自然裡，動物有牠們應付艱難時刻的特殊方式。壯麗細尾鷦鶯，澳洲一種亮藍色的鳥，就是一個例子。今年，一份十年的研究顯示，這種小鳥在不同類型的天氣中，會下不同大小的鳥蛋。當天氣又熱又乾時，年幼的壯麗細尾鷦鶯的食物比較少，很容易就會死。所以母鳥會製造較大的蛋，來幫助幼鳥在破蛋而出，進入「飢餓的」世界前，在蛋裡面變得強壯一點。

　　然而，不是所有的母鳥都有能力玩<u>這個把戲</u>。只有那些至少有一隻雄性幼鳥的母鳥可以做到。當天氣「很好」，母鳥就會製造比較小的蛋，然後她的兒子們就會帶食物回來給他們剛孵出的小兄弟姊妹們。在兒子的幫助下，母鳥就可以節省更多力氣，在天氣不好時製造較大的蛋。這難道不令人驚奇嗎？

【註釋】

animal〔ˋænəml〕*n.* 動物　　special〔ˋspɛʃəl〕*adj.* 特別的
deal with 應付；處理　　***hard times*** 艱難時刻
nature〔ˋnetʃɚ〕*n.* 大自然　　superb〔suˋpɝb〕*adj.* 極好的
superb fairy-wren 壯麗細尾鷦鶯　　bright-blue *adj.* 亮藍色的
Australia〔ɔˋstreljə〕*n.* 澳洲　　example〔ɪgˋzæmpl〕*n.* 例子
study〔ˋstʌdɪ〕*n.* 研究　　show〔ʃo〕*v.* 顯示
size〔saɪz〕*n.* 尺寸；大小　　weather〔ˋwɛðɚ〕*n.* 天氣
easily〔ˋizɪlɪ〕*adv.* 容易地　　grow〔gro〕*v.* 變得
inside〔ˋɪnˋsaɪd〕*adv.* 在裡面　　***break out of*** 從…脫身
hungry〔ˋhʌŋgrɪ〕*adj.* 飢餓的　　***be able to V.*** 能夠…
trick〔trɪk〕*n.* 把戲　　***at least*** 至少　　male〔mel〕*adj.* 雄性的
save〔sev〕*v.* 節省　　energy〔ˋɛnɚdʒɪ〕*n.* 精力；氣力
amazing〔əˋmezɪŋ〕*adj.* 令人驚奇的

23.(**B**) 何者是本文最好的標題？

(A) 澳洲：對鳥類而言最好的地方。

(B) <u>母鳥對抗天氣的變化。</u>

(C) 較大的母鳥會有較大的鳥蛋。

(D) 家族之愛：兄弟姊妹一起合作。

* fight〔faɪt〕*v.* 打仗；對抗　　change〔tʃendʒ〕*n.* 改變
work together 合作

24.(**A**) <u>這個把戲</u>在本文裡是什麼意思？

(A) <u>生出不同尺寸的蛋。</u>　　　　(B) 在蛋裡面變得更強壯。

(C) 為比較虛弱的幼鳥節省食物。

(D) 幫助幼鳥破蛋而出。

25.(**C**) 從本文中，我們可以得知關於壯麗細尾鷯鶯的什麼事？

(A) 雄性鳥類通常可以活十年。

(B) 幼鳥在乾熱的天氣中長得很好。

(C) <u>年輕的雄鳥會分擔餵食幼鳥的工作。</u>

(D) 當外面的食物較少時，母鳥會製造比較小顆的蛋。

（26-28）

> 這裡是兩則安妮為了她的報告而收集的新聞。
>
> 紙漿藝術是用紙做成的藝術作品。在臺灣，它被稱為「紙紮」，並且經常被燒來當作禮物給亡者。台灣的紙紮正在消失中，因為它現在已經不那麼被需要了。然而，這項沒落中的藝術，在一位法國人造訪臺灣時，贏得了他的心。
> 他接著邀請一家糊紙店，新興糊紙店，在法國展出他們美麗的作品。店老闆的兒子也將紙漿藝術用在從來沒有人想過的地方——用它來拍電影。

賴聲川在台灣劇場非常重要。他為舊時的中文劇場藝術帶來改變，使它更靠近我們的生活經驗，並且更容易理解。他其中一部最有名的作品為「那一夜我們說相聲」(1985)。這部兩位男演員之間的趣味脫口秀是很<u>轟動的演出</u>，讓人們再次對「相聲」感興趣。這種藝術以前只是一些人共同擁有的興趣，但是賴聲川已經為它打開更大的市場。現在它在各個年齡層都有粉絲了。

【註釋】

a piece of news 一則新聞　　collect〔kəˈlɛkt〕*v.* 收集
report〔rɪˈport〕*n.* 報告　　*papier mâché* 紙漿藝術
work〔wɜk〕*n.* 作品　　*be made of* 由…做成
be known as 被稱為　　zhiza. *n.* 紙紮　　burn〔bɜn〕*v.* 燃燒
die〔daɪ〕*v.* 死亡；消失　　*win one's heart* 贏得某人的心
Frenchman〔ˈfrɛntʃmən〕*n.* 法國人　　visit〔ˈvɪzɪt〕*v.* 遊覽
island〔ˈaɪlənd〕*n.* 島【在此指「台灣」】　　invite〔ɪnˈvaɪt〕*v.* 邀請
offering〔ˈɔfərɪŋ〕*n.* 供物；祭品　　*paper offering store* 紙糊店
show〔ʃo〕*v.* 展示　*n.* 表演　　France〔fræns〕*n.* 法國
owner〔ˈonɚ〕*n.* 擁有者　　*think of* 想到
theater〔ˈθiətɚ〕*n.* 劇場　　*the old days* 以前
experience〔ɪkˈspɪrɪəns〕*n.* 經驗　　famous〔ˈfeməs〕*adj.* 有名的
perform〔pɚˈfɔrm〕*v.* 表演　　crosstalk〔ˈkrɔsˌtɔk〕*n.* 相聲
smash hit 轟動的演出；巨大的成功　　xiangsheng. *n.* 相聲
funny〔ˈfʌnɪ〕*adj.* 好笑的　　actor〔ˈæktɚ〕*n.* 演員　　*used to* 以前
hobby〔ˈhɑbɪ〕*n.* 嗜好　　share〔ʃɛr〕*v.* 分享；共有
market〔ˈmɑrkɪt〕*n.* 市場　　across〔əˈkrɔs〕*prep.* 遍及

26. (**D**) 什麼概念在兩則新聞中都有被提到？

　　(A) 更多年輕人需要加入藝術創作。

　　(B) 人們享受藝術的方式隨著時間改變。

　　(C) 從國外帶重要的藝術作品進來台灣。

(D) 給予幾乎快要被遺忘的老藝術新生命。

* idea〔aɪˈdiə〕 n. 點子；想法；觀念
 join in 加入　　***from abroad*** 從國外

27.（ **B** ）當一件事情是 <u>smash hit</u> 代表著什麼？

(A) 它很古老。　　　　　　(B) <u>它很成功。</u>

(C) 它是外國的。　　　　　(D) 它是有用的。

* successful〔səkˈsɛsfəl〕 adj. 成功的
 foreign〔ˈfɔrɪn〕 adj. 外國的

28.（ **D** ）我們可以從新聞中得知什麼？

(A) 賴聲川在許多學校教過相聲。

(B) 賴聲川經常將自己的人生故事放進他的藝術作品裡。

(C) 新興糊紙店的老闆是一個法國人。

(D) <u>人們不再像以前一樣那麼頻繁地燒紙紮給亡者了。</u>

* ***as…as before*** 像以前一樣…

（29-32）

🔁 **VOF 新聞**　　　　　　　　　16/01/2015

　　對於很多人來說，起床後就喝一杯咖啡是開始
一天最好的方式。但是一份來自 Asap 科學期刊的
報告說並<u>不是那樣</u>。它說喝咖啡最糟的時間，就是
在我們剛起床後。當我們起床時，我們的身體會開始製造皮質醇。
皮質醇幫助我們清晰地思考，而且快速地理解和行動。皮質醇濃
度會在我們起床後上升，並且在大約一小時後升至最高峰。所以
當我們在這個時間喝咖啡，會有兩個問題：(1)我們的身體會製造
較少皮質醇，並且(2)皮質醇會讓咖啡變得沒那麼有用。而這就是
為什麼我們有些人會喝越來越多的咖啡。

　　那麼，何時是喝咖啡的最佳時間？當皮質醇濃度下降時，報告指出。皮質醇濃度通常在早上八點到九點之間、中午到下午一點之間，以及傍晚五點半到六點半之間最高。所以如果你想要喝咖啡，在這些時間之後享用它，那樣這種受歡迎的飲料將會給你最大的幫助。

💬 你怎麼想？

【註釋】

have〔hæv〕*v.* 喝　　　right〔raɪt〕*adv.* 立刻；馬上
out of bad 起床　　otherwise〔'ʌðə,waɪz〕*adv.* 不那樣
soon〔sun〕*adv.* 很快地　　***get up*** 起床　　***wake up*** 醒來；起床
cortisol〔'kɔrtɪsɑl〕*n.* 皮質醇　　clearly〔'klɪrlɪ〕*adv.* 清楚地
quick〔kwɪk〕*adj.* 快的　　　act〔ækt〕*v.* 行動
levels〔'lɛvl̩z〕*n. pl.* 濃度　　rise〔raɪz〕*v.* 上升
climb〔klaɪm〕*v.* 攀爬；上升　　in〔ɪn〕*prep.* 再過
go down 下降　　noon〔nun〕*n.* 中午
enjoy〔ɪn'dʒɔɪ〕*v.* 享受　　popular〔'pɑpjələ〕*adj.* 受歡迎的
drink〔drɪŋk〕*n.* 飲料

---

29. (**D**) 哪一個概念在新聞中有被談到？

(A) 我們應該多久喝一次咖啡。

(B) 當我們喝太多咖啡時會發生什麼事。

(C) 如何幫助身體製造我們需要的皮質醇。

(D) <u>當我們在錯誤的時間喝咖啡時會發生什麼事。</u>

* happen〔'hæpən〕*v.* 發生

30. (**C**) 當一個人認為某件事<u>不是那樣</u>是什麼意思？

(A) 他們對這件事很認真。　　(B) 他們不知道這件事。

(C) <u>他們的想法不一樣。</u>　　(D) 他們不認為這是一個問題。

* ***have no idea*** 不知道　　differently〔'dɪfərəntlɪ〕*adv.* 不同地

31. (**D**) 下面的圖顯示皮質醇濃度在一天內如何上升以及下降。根據這則新聞，哪一個時間點適合喝咖啡？

(A) A。
(B) B。
(C) C。
(D) D。

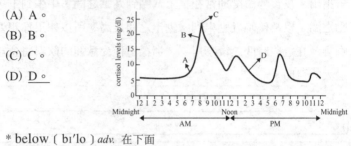

* below〔bɪ'lo〕*adv.* 在下面
　fall〔fɔl〕*v.* 下降　　***during the day*** 在一天之中

32. (**C**) 四個人閱讀了這則新聞並寫下他們的想法。

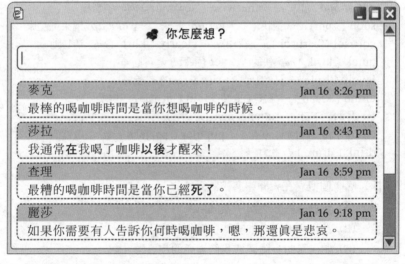

他們認為這則新聞如何？

(A) 他們想要嘗試它所說的。
(B) 他們對於它所說的感到難過。
(C) 他們不同意它所說的。
(D) 他們對於它所說的不感到驚訝。

* sad〔sæd〕*adj.* 悲傷的　　***agree with*** 同意
　surprised〔sə'praɪzd〕*adj.* 驚訝的

（33-35）

以下是一家新的購物中心部分的市場報告。

> 我們最忙碌的時段是週末下午，在下午 1:30 到 3:30 之間。整週大約一半的業績都在那時完成。所以我們最好把「週末最划算特賣會」從週末晚上移至週末下午，那時特賣會的來客人數可能會更多。我們也應該考慮增加週末的免費巴士，因為有百分之 75 受訪的購物者說，一個小時兩班巴士就是不夠。
>
> 週末晚上是第二忙碌的時段，不過沒有上一季好。有一項有趣的事實是，平日晚上的業績比較好，通常是在打烊前一小時，業績超過週末上午。那時大部分的購物者是附近的居民，或是要工作的父母來做打烊前最後的採買。他們加起來佔了平日晚上的業績將近六成。如果我們在平日，延長營業半小時到晚上 10:30，可能會帶來更多的業績。

【註釋】

center（ˋsɛntɚ）n. 中心　　**shopping center** 購物中心
weekend（ˋwikˋɛnd）n. 週末　　half（hæf）n. 一半
business（ˋbɪznɪs）n. 生意；業績　　then（ðɛn）adv. 在那時
move（muv）v. 移動　　**best buy** 最划算的商品
shopper（ˋʃɑpɚ）n. 購物者　　sale（sel）n. 特賣；特價
think about 考慮　　free（fti）adj. 免費的
interview（ˋɪntɚˏvju）v. 訪問　　last（læst）adj. 上一個
season（ˋsizn）n. 季節　　interesting（ˋɪntrɪstɪŋ）adj. 有趣的
fact（fækt）n. 事實　　weekday（ˋwikˏde）n. 平日；週一至週五
usually（ˋjuʒʊəlɪ）adv. 通常　　closing（ˋklozɪŋ）n. 打烊
working parents 要工作的父母　　**do one's shopping** 購物
last-minute adj. 最後一刻的　　together（təˋgɛðɚ）adv. 一起；共同

make up 構成；組成　　almost〔ˋɔl͵most〕*adv.* 幾乎；將近

bring in 帶來

33. (**C**) 這份報告沒有建議什麼？

(A) 提供購物者更多免費巴士。

(B) 更改平日的營業時間。

(C) 制訂有助於平日上午業績的計畫。

(D) 改變週末特賣會的時間。

* suggest〔sə(g)ˋdʒɛst〕*v.* 建議　　hours〔aʊrz〕*n. pl.* 時間

34. (**D**) 報告裡提到關於這家購物中心的什麼？

(A) 他們平日的業績沒有上一季好。

(B) 他們每天打烊前一小時會有特賣會。

(C) 大部分的購物者都搭乘免費巴士到購物中心。

(D) 平日晚上的購物者中大部分都是要工作的父母。

* take〔tek〕*v.* 搭乘

35. (**B**) 這份報告中最可能使用哪一張圖？

(A)

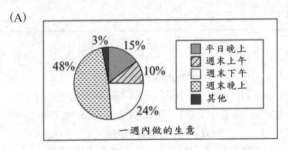

(B)

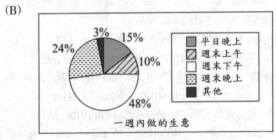

(C)

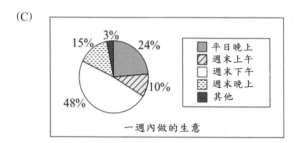

一週內做的生意

(D)

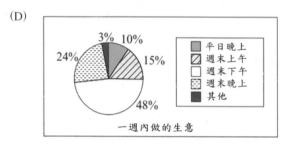

一週內做的生意

* likely〔ˈlaɪklɪ〕*adv.* 可能　　***do business*** 做生意

（36-37）

親愛的瑪姬：

　　我知道妳會不高興，但我仍然必須再說一次。想到妳要<u>改變妳的樣子</u>我就傷心。我知道妳一直想要像那些有著大眼睛、苗條
　　36
雙腿的女演員一樣，但事實上，妳已經很美了。妳天生就具有的
使妳很特別，因為沒有人看起來和妳一樣。

　　使我更擔心的是，<u>妳認爲自己不夠好</u>。但遺憾的是，這點沒
　　　　　　　　　　　37
有快速的解決方法，即使有醫生的幫助也沒用。如果妳不試著先
喜歡妳自己，就沒有其他人會了。人們喜歡妳，不是因爲妳的臉，

而是因為妳的心。妳必須先了解這一點。在妳了解這一點之前，即使妳的外表有了改變，事情也不會變得不同的。

　　我真的希望妳再次把這一點想清楚。

愛妳的琳達

【註釋】

still〔stɪl〕*adv.* 仍然　　hurt〔hɜt〕*v.* 使傷心
actress〔'æktrɪs〕*n.* 女演員　　slim〔slɪm〕*adj.* 苗條的
in fact 事實上　　already〔ɔl'rɛdɪ〕*adv.* 已經
be born with 天生具有　　special〔'spɛʃəl〕*adj.* 特別的
worry〔'wɜɪ〕*v.* 使擔心　　sadly〔'sædlɪ〕*adv.* 可悲的是；遺憾的是
quick〔kwɪk〕*adj.* 快速的　　fix〔fɪks〕*n.* 解決方法
else〔ɛls〕*adj.* 別的；其他的　　***not A but B*** 不是 A 而是 B
not because of A but because of B 不是因為 A，而是因為 B
face〔fes〕*n.* 臉　　heart〔hɑrt〕*n.* 心
understand〔ˌʌndə'stænd〕*v.* 了解
different〔'dɪfərənt〕*adj.* 不同的　　***even if*** 即使
change〔tʃendʒ〕*n.* 改變　　truly〔'trulɪ〕*adv.* 真正地
think through 想通；想透；想清楚

36. (**A**)　(A) 改變妳的樣子 　　　　　　(B) 放棄當女演員
　　　　　　(C) 和劇團一起旅行 　　　　　 (D) 逃離妳的朋友
　　　　*****give up*** 放棄　　travel〔'trævl̩〕*v.* 旅行
　　　　theater〔'θɪətə〕*n.* 劇院；戲劇　　***theater group*** 劇團
　　　　run away from 逃離

37. (**C**)　(A) 妳太害羞，不敢和別人說話
　　　　　　(B) 妳只是不想要像別人一樣
　　　　　　(C) 妳認為自己不夠好
　　　　　　(D) 妳不知道自己錯過了什麼

* *too ~ to V*. 太~以致於… 　　　shy〔ʃaɪ〕*adj.* 害羞的
miss〔mɪs〕*v.* 錯過

(38-41)

伊莉莎白・亞歷珊卓・瑪麗・溫莎，於 1926 年 4 月 20 日，出生於倫敦。沒有人想到她<u>將來有一天會成為英國女</u>
39

王。她的祖父喬治五世國王，在 1936 年過世之後，伊莉莎白的叔叔愛德華王子，繼任成為愛德華八世。愛德華很早之前就愛上了一位已婚的美國女士，在他成為國王之後，決定和她結婚。然而，愛德華被要求，在王位和愛人之間做出選擇。最後，他決定放棄王位。

<u>這改變了伊莉莎白的一生</u>。在愛德華八世放棄王位後，
40

伊莉莎白的父親成為喬治六世。因為伊莉莎白是長女，沒有兄弟，所以她就成為下一個王位繼承人。她必須和她過去美好的生活道別，為當女王做準備。在她的父親於 1952 年過世之後，她成為伊莉莎白女王二世。

自從她成為國家領袖以來，伊莉莎白女王二世<u>為了英國</u>
<u>一直努力工作</u>：她與英國國內重要人士舉行會談，她也出訪
41

過外國多次。然而，在她留給自己的少數時間裡，她閱讀，並且喜歡騎馬。

【註釋】

London〔ˈlʌndən〕*n.* 倫敦　　　queen〔kwin〕*n.* 皇后；女王
the UK 英國（ = *the United Kingdom*）
grandfather〔ˈgræn(d)ˌfɑðɚ〕*n.* 祖父　　　prince〔prɪns〕*n.* 王子

married〔'mærɪd〕*adj.* 已婚的　***long before*** 很久之前
decide〔dɪ'saɪd〕*v.* 決定　　marry〔'mærɪ〕*v.* 和…結婚
however〔haʊ'ɛvə〕*adv.* 然而　　choose〔tʃuz〕*v.* 選擇
throne〔θron〕*n.* 王位　　love〔lʌv〕*n.* 愛人
finally〔'faɪnḷɪ〕*adv.* 最後；終於　***give up*** 放棄
next〔nɛkst〕*adj.* 下一個　***in line*** 成一直線；排隊
in line to the throne 王位繼承人　　prepare〔prɪ'pɛr〕*v.* 準備
ever since 自從…一直　　head〔hɛd〕*n.* 領袖；首領
country〔'kʌntrɪ〕*n.* 國家　　hold〔hold〕*v.* 舉行
meeting〔'mitɪŋ〕*n.* 會議　　visit〔'vɪzɪt〕*v.* 拜訪；訪問
foreign〔'fɔrɪn〕*adj.* 外國的　　few〔fju〕*adj.* 少數的；很少的
keep to *oneself* 獨處；留給自己　　horseback〔'hɔrs,bæk〕*n.* 馬背
horseback riding 騎馬

38.(**D**) 依句意，沒有人想到她「將來會成為」女王，表示「過去的未來」
用 *would become*，選 (D)。

39.(**C**) 比過去式更早發生的動作，用「過去完成式」，選 (C) *had fallen*。
fall in love with 愛上

40.(**A**) (A) 這改變了伊莉莎白的一生
　　(B) 要放棄王位並不容易
　　(C) 這對伊莉莎白和她的家人而言是好消息
　　(D) 這部分的歷史使英國成為一個強盛的國家
　　* news〔njuz〕*n.* 消息　　history〔'hɪstrɪ〕*n.* 歷史
　　　strong〔strɔŋ〕*adj.* 強大的

41.(**A**) (A) 為了英國一直努力工作　　(B) 一直很受英國人民的歡迎
　　(C) 當英國女王已經很久了　　(D) 使英國人民更親近
　　* *be popular with* 受～歡迎　　bring〔brɪŋ〕*v.* 促使
　　　close〔klos〕*adj.* 親近的

聽力測驗（第 1-21 題，共 21 題）

第一部分：辨識句意（第 1-3 題）

1. (**A**) (A)　　　　　　　(B)　　　　　　　(C)

The boy and the girl are hiding from the rain under a coat.

男孩和女孩正在外套下躲雨。

* hide〔haɪd〕*v.* 躲藏　　***hide from the rain*** 躲雨
　coat〔kot〕*n.* 外套

2. (**B**) (A)　　　　　　　(B)　　　　　　　(C)

A baby koala is riding on its mother's back.

有隻小無尾熊正騎在牠媽媽的背上。

* baby〔'bebɪ〕*adj.* 幼小的　　koala〔ko'ɑlə〕*n.* 無尾熊
　ride〔raɪd〕*v.* 騎　　back〔bæk〕*n.* 背

3. (**A**) (A)　　　　　　(B)　　　　　　(C)

The Smith girls are both cute. The taller one with short hair is Susan, and the other one is Meggie.

史密斯家的兩個女孩都很可愛。留短頭髮，比較高的那個是蘇珊，而另一個是瑪姬。

* cute〔kjut〕*adj.* 可愛的

　one…the other (*one*)　（兩者）一個…另一個

第二部分：基本問答（第 4-10 題）

4. (**C**) Your sweater looks beautiful. Where did you get it?

你的毛衣看起來很漂亮。你去哪裡買的？

(A) You can try it on. 你可以試穿。

(B) I went to the store on foot. 我步行去那家店。

(C) It's a present from my aunt. 這是我阿姨送的禮物。

* sweater〔'swɛtɚ〕*n.* 毛衣　　get〔gɛt〕*v.* 得到；買

　try on 試穿　　*on foot* 步行

　present〔'prɛznt〕*n.* 禮物　　aunt〔ænt〕*n.* 阿姨；姑姑

5. (**A**) What's your favorite fruit? 你最喜愛的水果是什麼？

(A) I like guavas the best. 我最喜歡芭樂。

(B) I hate bananas and peaches. 我討厭香蕉和桃子。

(C) I eat French fries all the time. 我一直在吃薯條。

* favorite〔'fevərɪt〕*adj.* 最喜愛的　　guava〔'gwɑvə〕*n.* 芭樂

hate〔het〕*v.* 討厭　　peach〔pitʃ〕*n.* 桃子
French fries 薯條　　***all the time*** 一直

6. (**B**) Are you sure about going home alone?　It's quite late
now.　I can drive you, you know.　你確定要獨自一人回家？
現在相當晚了。我可以開車載你，你知道的。

(A) I don't have a car, either.　我也沒車。
(B) Don't worry.　I'll be careful.　別擔心。我會小心的。
(C) I know, but I hate to go alone.

我知道，但是我討厭獨自一人去。

* sure〔ʃʊr〕*adj.* 確定的　　alone〔ə'lon〕*adv.* 獨自
quite〔kwaɪt〕*adv.* 相當　　drive〔draɪv〕*v.* 開車載（某人）
either〔'iðɚ〕*adv.* 也（不）　　careful〔'kɛrfəl〕*adj.* 小心的

7. (**C**) I think I'll just have some soup.　Maybe a salad, too.
How about you?

我想我只要喝一些湯。或許也會吃一份沙拉。你呢？

(A) I'm serious.　我是認眞的。
(B) I hope it's good.　我希望它是好的。
(C) I'll have the same.　我要吃一樣的。

* have〔hæv〕*v.* 吃；喝　　soup〔sup〕*n.* 湯
salad〔'sæləd〕*n.* 沙拉　　serious〔'sɪrɪəs〕*adj.* 認眞的
hope〔hop〕*v.* 希望　　***the same*** 同樣的東西

8. (**A**) Let me help you with the bag.　讓我幫你拿那個袋子。

(A) Thanks.　You are very kind.　謝謝。你人眞好。
(B) Really?　I bought it yesterday.　眞的嗎？我昨天買的。
(C) Good idea.　Just leave the bag there.

好主意。把袋子留在那裡就好。

* ***help sb. with*** *sth.* 幫助某人做某事
kind〔kaɪnd〕*adj.* 親切的；好心的
good idea 好主意　　leave〔liv〕*v.* 留下

9. (**B**) Excuse me, how do I get to Saint Paul's Church?

不好意思，我要如何去聖保羅教堂？

(A) I think it is quite convenient. 我認為它是相當方便的。

(B) It's just right across the park there.

它就在那裡的公園對面。

(C) It might take ten to fifteen minutes.

可能要花十至十五分鐘。

* saint〔sent〕*n.* 聖人　　church〔tʃɜtʃ〕*n.* 教堂

convenient〔kən'vinjənt〕*adj.* 方便的

right〔raɪt〕*adv.* 正好；就

across〔ə'krɔs〕*prep.* 在…的對面　　take〔tek〕*v.* 花費

10. (**B**) Do you know why John has flown to the US again?

你知道為何約翰又搭飛機去美國嗎？

(A) He is afraid to fly. 他害怕搭飛機。

(B) He has business there. 他在那裡有生意。

(C) It takes sixteen hours to fly to the US.

搭飛機去美國要十六個小時。

* fly〔flaɪ〕*v.* 搭飛機　　afraid〔ə'fred〕*adj.* 害怕的

business〔'bɪznɪs〕*n.* 生意

第三部分：言談理解（第 11-21 題）

11. (**C**) That's wonderful, students. All of you have beautiful voices, but please sing louder. You can stand up or drink some water if you think it helps. Let's try it again. Three, two, one…. Go!

那真的太棒了，同學們。你們大家的聲音都非常優美，但請唱大聲一點。你們可以站起來，或喝一些水，如果你們認為這樣會有幫助的話。我們再試一次。三、二、一…。開始！

Question：Which class are the students in?

這些學生在上什麼課？

(A) PE. 體育。

(B) Math. 數學。

(C) Music. 音樂。

* wonderful〔'wʌndəfəl〕*adj.* 很棒的
beautiful〔'bjutəfəl〕*adj.* 優美的　　voice〔vɔɪs〕*n.* 聲音
louder〔'laʊdɚ〕*adv.* 更大聲地　　go〔go〕*v.* 開始
PE 體育（= *physical education*）
math〔mæθ〕*n.* 數學（= *mathematics*）

12. (**C**)　W：When will we hold the party next week?

女：我們下週何時舉辦派對？

M：Lucy wants it to be on Feb 13ᵗʰ or 14ᵗʰ.

男：露西想要在二月十三或十四日。

W：But don't you think it's easier for everyone to come on Saturday?

女：但你不認為大家星期六來比較容易嗎？

M：Then the party should be on Feb 15ᵗʰ?

男：那樣派對應該在二月十五日辦嗎？

W：I think so.　I'll ask Lucy first if the date is ok.

女：我認為是。我會先問露西這個日期是否可以。

Question：When does the woman want to have the party?

女士想要何時舉辦派對？

(A) February 13. 二月十三日。

(B) February 14. 二月十四日。

(C) February 15. 二月十五日。

* hold〔hold〕*v.* 舉辦（派對）（= *have*）
Feb〔'fɛbrʊ,ɛrɪ〕*n.* 二月（= *February*）

　　　if〔ɪf〕*conj.* 是否　　date〔det〕*n.* 日期
　　　ok〔ˋoˊke〕*adj.* 可以的

13. (**C**)　M：Is everything alright?

　　　男：一切都還好嗎？

　　　W：Yeah, the food was very good.

　　　女：是的，食物很不錯。

　　　M：Would you like some dessert?

　　　男：你想要一些甜點嗎？

　　　W：Yes, can I see the menu?

　　　女：是的，我可以看看菜單嗎？

　　　M：Sure, let me clean the table for you, and then I'll bring you the menu.

　　　男：當然，讓我爲您清理餐桌，然後我會把菜單拿來給您。

　　　W：Thanks, and hmm, could you also bring some water?

　　　女：謝謝，嗯，可以請你也拿一些水過來嗎？

　　　M：Of course, I'll be back in a second.

　　　男：當然，我馬上回來。

　　　Question：Who is the man? 男士是什麼人？

　　　(A) A cook.　廚師。

　　　(B) A salesman.　售貨員。

　　　(C) A waiter.　服務生。

　　＊alright〔ˋɔlˊraɪt〕*adj.* 好的；沒問題的
　　　yeah〔jɛ〕*adv.* 是的 (= *yes*)　　***would like*** 想要
　　　dessert〔dɪˋzɝt〕*n.* 甜點　　menu〔ˋmɛnju〕*n.* 菜單
　　　clean〔klin〕*v.* 清理　　hmm〔m〕*interj.* 嗯
　　　of course 當然　　***in a second*** 立刻
　　　cook〔kʊk〕*n.* 廚師　　salesman〔ˋselzmən〕*n.* 售貨員
　　　waiter〔ˋwetɚ〕*n.* 服務生

14. (**B**) M : You have a lovely apartment, Jane.

男：妳的公寓很漂亮，珍。

W : Thanks!　I like it very much.　It's bigger than my old one.

女：謝謝！我非常喜歡。它比我以前的公寓大。

M : Hmm, so where should we put the table?

男：嗯，那麼我們應該把餐桌放在哪裡？

W : Let's put it in the dining room.

女：我們把它放在餐廳裡吧。

M : OK!

男：好的！

W : Hoo!　That was heavy.　Hmm, the table looks nice here.　Now we need to carry the refrigerator into the kitchen.

女：呼！那真的很重。嗯，餐桌放在這裡看起來不錯。現在我們必須把冰箱搬進廚房了。

Question : What is the woman doing?

女士正在做什麼？

(A) Visiting a new neighbor.　拜訪新的鄰居。

(B) Moving into a new apartment.　搬進新的公寓。

(C) Shopping for a table and a refrigerator.

購買餐桌和冰箱。

* lovely〔'lʌvlɪ〕*adj.* 可愛的；美麗的

apartment〔ə'pɑrtmənt〕*n.* 公寓　　hmm〔m〕*interj.* 嗯

dining room 餐廳　　hoo〔hu〕*interj.* 呼

heavy〔'hɛvɪ〕*adj.* 重的　　carry〔'kærɪ〕*v.* 搬

refrigerator〔rɪ'frɪdʒə,retə〕*n.* 冰箱

visit〔'vɪzɪt〕*v.* 拜訪　　neighbor〔'nebə〕*n.* 鄰居

move〔muv〕*v.* 搬家　　***shop for*** 購買

15. (**A**) W : I've got two tickets for Spiderman. Do you want to see it together?

女：我有兩張「蜘蛛人」的票。你想要一起看嗎？

M : Too bad, I saw it with my sister last week.

男：眞糟糕，我上星期和我妹妹看過了。

W : Did you enjoy it?

女：你喜歡嗎？

M : It's one of the best movies I've seen. Let's talk more about it after you see it.

男：它是我看過最棒的電影之一。妳看完之後，我們再多談一些。

Question : Why doesn't the man go see the movie with the woman? 男士爲何不和女士去看電影？

(A) He has seen it already. <u>他已經看過了。</u>

(B) He will see it next week. 他下星期會去看。

(C) He thinks it is a bad movie. 他認爲那部電影不好。

* ***I've got*** 我有 (= *I have*)
Spiderman〔'spaɪdə,mæn〕*n.* 蜘蛛人【電影名】
too bad 太糟糕；很遺憾　　enjoy〔ɪn'dʒɔɪ〕*v.* 喜歡

16. (**B**) W : Do you think we have time to stop by Aunt Sue's place before we go to the theater?

女：你認爲我們去戲院之前，有時間順道去蘇阿姨的家嗎？

M : Why?

男：爲什麼？

W : I've got this handbag for her. I bought it when I was in Japan.

女：我這個手提包要給她。是我在日本時買的。

M : Well, you know Aunt Sue. She never lets you leave her house before at least three pots of tea.

男：嗯，妳知道蘇阿姨。她要至少喝完三壺茶才會讓妳離開她家。

W：Hmm. Yeah, you're right. Next time then.

女：嗯。是的，你說的對。那就下次吧。

Question：What did the woman decide to do?

　　　　女士決定做什麼？

(A) Invite Aunt Sue to tea. 邀請蘇阿姨去喝茶。

(B) Visit Aunt Sue on another day.

　　改天再去拜訪蘇阿姨。

(C) Go to the theater on another day. 改天再去戲院。

* ***stop by*** 順道拜訪　　　place〔ples〕*n.* 住所
　theater〔'θiətɚ〕*n.* 戲院　　handbag〔'hænd,bæg〕*n.* 手提包
　at least 至少　　pot〔pɑt〕*n.* 壺　　***next time*** 下次
　invite *sb.* ***to tea*** 邀請某人喝茶

17. (**C**) M：I've made a cake for you.

男：我為妳做了一個蛋糕。

W：Oh, thanks! Wait a minute. There's something you
　　want, isn't there?!

女：喔，謝謝！等一下。你要某樣東西，對吧?!

M：Can't I just be nice?

男：我不能只是單純要對妳好嗎？

W：I've known you for years.

女：我已經認識你很多年了。

M：Do you really see me that way?

男：妳真的是那樣看我的嗎？

W：Seriously, just say it.

女：正經一點，儘管說吧。

M：Well, if you must ask, I was wondering…

男：嗯，如果妳必須問的話，我想知道…

Question : What does the woman think when the man

gives her the cake?

當男士給女士蛋糕時，女士在想什麼？

(A) She thinks he is a serious person.

她認為他是個嚴肅的人。

(B) She thinks he should bake more cakes.

她認為他應該烤更多的蛋糕。

(C) She thinks he wants something from her.

<u>她認為他想跟她要某樣東西。</u>

* *wait a minute* 等一下　　nice〔naɪs〕*adj.* 好的；親切的
way〔we〕*n.* 樣子
seriously〔'sɪrɪəslɪ〕*adv.* 認真地；嚴肅地
just say it 儘管說　　wonder〔'wʌndɚ〕*v.* 想知道
serious〔'sɪrɪəs〕*adj.* 嚴肅的　　bake〔bek〕*v.* 烘烤

18. (**C**) M : Hey, have you bought a ticket to AJ's music show?

男：嘿，妳已經買去 AJ 音樂節目的票了嗎？

W : Oh, no! I forgot. I've been busy preparing for my

test this week.

女：噢，不！我忘了。我這禮拜一直忙著準備考試。

M : Well, they are going to stop selling the tickets in 10

minutes.

男：嗯，再過十分鐘，他們就停止售票了。

W : Oh, I'll check online now.

女：喔，我現在就上網查一下。

M : You can try, but there may not be any left. Honestly,

I think you've already missed the boat.

男：妳可以試試，但可能已經沒剩下任何票了。老實說，我認為
妳已經錯過機會了。

Question : When the man tells the woman, "you've
　　　　　already missed the boat," what does he mean?

當男士跟女士說妳已經錯過機會了,他是什麼意思?

(A) She failed her tests this week. 她這禮拜考試不及格。

(B) She was too late to catch a boat.

她太晚了,趕不上船。

(C) She lost the chance to get a ticket.

她失去了買票的機會。

* show〔∫o〕*n.* 節目　　forget〔fə'gɛt〕*v.* 忘記
be busy (in) V-ing 忙著做…
prepare〔prɪ'pɛr〕*v.* 準備 <*for*>　　in〔ɪn〕*prep.* 再過
check〔t∫ɛk〕*v.* 查看
online〔'ɑn͵laɪn〕*adv.* 在線上;在網路上
try〔traɪ〕*v.* 嘗試　　left〔lɛft〕*adj.* 剩下的
honestly〔'ɑnɪstlɪ〕*adv.* 老實說　　miss〔mɪs〕*v.* 錯過
miss the boat 錯過機會　　fail〔fel〕*v.* (考試) 不及格
too…to 太…以致於不~　　chance〔t∫æns〕*n.* 機會

19. (**A**)　W : Mark, can I use your eraser?　I don't have mine with
　　　　　　　me.

女:馬克,我能用你的橡皮擦嗎?我沒帶我的。

M : Again?　Oh, Lisa!　You're always like this!

男:又要用?喔,麗莎!妳總是這樣!

W : And you're always like this.　So can I borrow it or
　　not?

女:而你也總是這樣。所以我能借還是不能?

M : Well, I left mine at home, but I got this one from John.

男:嗯,我把我的留在家了,但我這個是向約翰拿的。

W : What?!　This is mine.　I lent it to him last week.

女:什麼?!這是我的。我上星期借給他的。

Question：What really happened to the girl's eraser?

那女孩的橡皮擦其實發生了什麼事？

(A) It was borrowed. 它被借走了。

(B) It was left at home. 它被留在家裡。

(C) It was lost. 它被弄丟了。

* eraser〔ɪˈresɚ〕*n.* 橡皮擦　　like〔laɪk〕*prep.* 像
borrow〔ˈbɑro〕*v.* 借（入）　　leave〔liv〕*v.* 遺留
lend〔lɛnd〕*v.* 借（出）　　happen〔ˈhæpən〕*v.* 發生
lose〔luz〕*v.* 遺失

20. (**A**) W：Wow! You're up. I didn't think I would see you at breakfast. I thought you were going to sleep through the day.

女：哇！你起床了。我沒想到會在吃早餐時看到你。我以為你會睡一整天。

M：That was the plan, but my mom called and asked me to drive her to the train station.

男：那是原本的計劃，但我媽打電話來，要我開車載她去火車站。

Question：When the man said that was the plan, what plan did he mean?

當男士說那是原本的計劃，他是指什麼計劃？

(A) Sleeping through the day. 睡一整天。

(B) Seeing the woman at breakfast.

在吃早餐時看見女士。

(C) Driving his mom to the train station.

開車載他媽媽去火車站。

* wow〔waʊ〕*interj.* 哇　　up〔ʌp〕*adv.* 起來
sleep through 連續睡過（一段時間）　　plan〔plen〕*n.* 計劃
drive〔draɪv〕*v.* 開車載（某人）　　mean〔min〕*v.* 意思是

21. (**C**) Hello, listeners. Time for today's book corner. We'll
　　　 have a quick look at a new book called Moments of Our
　　　 Age. The one hundred photos of this book catch big
　　　 moments in the past 60 years. You can see pictures of the
　　　 first person on the moon, of the fall of the Berlin Wall,
　　　 and many more. Want to live those moments? You can't
　　　 miss Moments of Our Age.

　　　 哈囉，各位聽眾。又到了今日書本角落的時刻，我們會很快地看
　　　 一下，一本叫《我們這個年代的重要時刻》的新書。這本書的一
　　　 百張相片，捕捉了過去六十年內的重要時刻。你可以看到第一位
　　　 登陸月球的人的照片、柏林圍牆倒塌的照片，以及很多其他的照
　　　 片。想要經歷那些時刻嗎？你不能錯過《我們這個年代的重要時
　　　 刻》。

　　　 Question：What is Moments of Our Age about?
　　　　　　《我們這個年代的重要時刻》是關於什麼？

　　　 (A) The history of photo taking. 拍照的歷史。

　　　 (B) Photos of people at different ages.
　　　　　 人們在不同年紀的照片。

　　　 (C) Photos of important times in history.
　　　　　 <u>歷史上重要時刻的的照片。</u>

　　　 * listener〔ˈlɪsn͟ɚ〕*n.* 聽眾　　corner〔ˈkɔrnɚ〕*n.* 角落
　　　　 have a look 看一眼　　quick〔kwɪk〕*adv.* 快的
　　　　 have a quick look at 很快地看一眼
　　　　 moment〔ˈmomənt〕*n.* 時刻　　age〔edʒ〕*n.* 年代；年紀
　　　　 photo〔ˈfoto〕*n.* 照片（= *photograph*）
　　　　 catch〔kætʃ〕*v.* 捕捉　　big〔bɪg〕*adj.* 重要的
　　　　 past〔pæst〕*adj.* 過去的　　picture〔ˈpɪktʃɚ〕*n.* 照片；圖片
　　　　 moon〔mun〕*n.* 月球　　fall〔fɔl〕*n.* 倒塌
　　　　 Berlin〔bɝˈlɪn〕*n.* 柏林　　live〔lɪv〕*v.* 經歷
　　　　 miss〔mɪs〕*v.* 錯過　　history〔ˈhɪstrɪ〕*n.* 歷史
　　　　 photo taking 拍照　　important〔ɪmˈpɔrtn̩t〕*adj.* 重要的

108年國中教育會考英語科修正意見

題 號	修 正 意 見
第3題	*... the cellphone...* → *... a cellphone...* 或 *... their cellphones...* ＊依句意，並非指定的手機，不能用定冠詞 the。
第15題	*Few other waiters ....* → **Few of the other waiters ....** ＊依句意，範圍有限定，須用定冠詞 the，說成：Few of the other waiters in the restaurant....（在餐廳的其他服務生中，很少…。）
第18–19題 第1行	*Opening Hours* → **Hours of Operation** 或 **Hours** ＊不能用 Opening Hours（商店營業時間），因爲是交通運輸服務，所以要用 Hours of Operation（營運時間），或 Hours（時間）。
第26–28題 第一段第9行	*... no one ever thought of....* →*... no one had ever thought of....* ＊依句意，應用「過去完成式」。
第29–32題 第7行	*... climb to the highest* →*... climb to their highest level* ＊「升至最高峰」，即「升至其最高的程度」，故應改成 their highest level 才合乎句意。
第33–35題 第一段第3行 第二段第4行 最後一行	*... Saturday afternoon when....* → *... Saturday afternoon, when....* ＊afternoon 後須加逗點，再接 when 引導的補述用法的形容詞子句。 *... live near ....* → *... live nearby ....*　＊「在附近」應用 nearby。 *...who do their shopping....* → *...who are doing their shopping....* ＊「現在式」表示不變的習慣，「現在進行式」表示「現在正在進行的動作」，依句意，應用「現在進行式」才對。 *...if we open half an hour longer....* →*...if we stay open half an hour longer....* ＊open 如果做動詞，意思是「開張」或「開始營業」，在此不合句意，應是「保持開放」（stay open）。
第34題	(D) A large *part* of.... → A large **number** of.... ＊改成 A large number of（很多的）較佳。
第36–37題 第一段 第4行	What you *are* born with .... → What you **were** born with .... ＊are 改成 were 較合乎句意，用過去式表示針對 Maggie 個人，不是所有的人。
聽力測驗 第4題	(C) It *is* a present from my aunt. → It **was** a present from my aunt. ＊依句意，應用過去式。

108 年度國中教育會考
英文科公佈答案

閱讀

題 號	答 案
1	B
2	A
3	A
4	D
5	C
6	D
7	B
8	B
9	C
10	B
11	D
12	A
13	C
14	D
15	D
16	D
17	B
18	A
19	C
20	A
21	A

題 號	答 案
22	B
23	B
24	A
25	C
26	D
27	B
28	D
29	D
30	C
31	D
32	C
33	C
34	D
35	B
36	A
37	C
38	D
39	C
40	A
41	A

聽力

題 號	答 案
1	A
2	B
3	A
4	C
5	A
6	B
7	C
8	A
9	B
10	B
11	C
12	C
13	C
14	B
15	A
16	B
17	C
18	C
19	A
20	A
21	C

108年國中教育會考數學科試題

第一部分：選擇題（第 1～26 題）

1. 算式 $-\dfrac{5}{3}-(-\dfrac{1}{6})$ 之值為何？

   (A) $-\dfrac{3}{2}$ 　　(B) $-\dfrac{4}{3}$ 　　(C) $-\dfrac{11}{6}$ 　　(D) $-\dfrac{4}{9}$

2. 某城市分為南、北兩區，圖（一）為 105 年到 107 年該城市兩區的人口數量長條圖。根據圖（一）判斷該城市的總人口數量，從 105 年到 107 年的變化情形為下列何者？

   (A) 逐年增加

   (B) 逐年減少

   (C) 先增加，再減少

   (D) 先減少，再增加

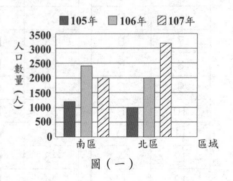

圖（一）

3. 計算 $(2x-3)(3x+4)$ 的結果，與下列哪一個式子相同？

   (A) $-7x+4$ 　　　　　(B) $-7x-12$

   (C) $6x^2-12$ 　　　　(D) $6x^2-x-12$

4. 圖（二）的直角柱由 2 個正三角形底面和 3 個矩形側面組成，其中正三角形面積為 a，矩形面積為 b。若將 4 個圖（二）的直角柱緊密堆疊成圖（三）的直角柱，則圖（三）中直角柱的表面積為何？

(A) $4a + 2b$

(B) $4a + 4b$

(C) $8a + 6b$

(D) $8a + 12b$

圖（二）

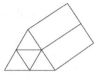

圖（三）

5. 若 $\sqrt{44} = 2\sqrt{a}$，$\sqrt{54} = 3\sqrt{b}$，則 $a + b$ 之值為何？

(A) 13　　　　(B) 17　　　　(C) 24　　　　(D) 40

6. 民國 106 年 8 月 15 日，大潭發電廠因跳電導致供電短少約 430 萬瓩，造成全臺灣多處地方停電。已知 1 瓩等於 1 千瓦，求 430 萬瓩等於多少瓦？

(A) 4.3×10^{7}　　　　　　　(B) 4.3×10^{8}

(C) 4.3×10^{9}　　　　　　　(D) 4.3×10^{10}

7. 圖（四）的坐標平面上有原點 O 與 A、B、C、D 四點。若有一直線 L 通過點 $(-3, 4)$ 且與 y 軸垂直，則 L 也會通過下列哪一點？

(A) A

(B) B

(C) C

(D) D

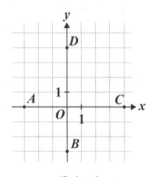

圖（四）

8. 若多項式 $5x^{2} + 17x - 12$ 可因式分解成 $(x + a)(bx + c)$，其中 a、b、c 均為整數，則 $a + c$ 之值為何？

(A) 1　　　　(B) 7　　　　(C) 11　　　　(D) 13

9. 公園內有一矩形步道，其地面使用相同的灰色正方形地磚與相同的白色等腰直角三角形地磚排列而成。圖（五）表示此步道的地磚排列方式，其中正方形地磚為連續排列且總共有40個。求步道上總共使用多少個三角形地磚？

(A) 84

(B) 86

(C) 160

(D) 162

圖（五）

10. 數線上有 O、A、B、C 四點，各點位置與各點所表示的數如圖（六）所示。若數線上有一點 D，D 點所表示的數為 d，且 $|d-5| = |d-c|$，則關於 D 點的位置，下列敘述何者正確？

(A) 在 A 的左邊

(B) 介於 A、C 之間

(C) 介於 C、O 之間

(D) 介於 O、B 之間

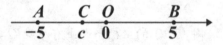

圖（六）

11. 如圖（七），將一長方形紙片沿著虛線剪成兩個全等的梯形紙片。根據圖中標示的長度與角度，求梯形紙片中較短的底邊長度為何？

(A) 4

(B) 5

(C) 6

(D) 7

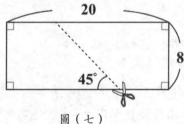

圖（七）

12. 阿慧在店內購買兩種蛋糕當伴手禮，圖（八）為蛋糕的價目
    表。已知阿慧購買 10 盒蛋糕，花費的金額不超過 2500 元。
    若他將蛋糕分給 75 位同事，
    每人至少能拿到一個蛋糕，
    則阿慧花多少元購買蛋糕？
    (A) 2150
    (B) 2250
    (C) 2300
    (D) 2450

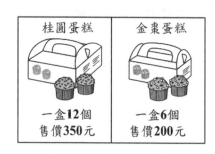

圖（八）

13. 如圖（九），△ABC 中，D 點在 $\overline{BC}$ 上，將 D 點分別以 $\overline{AB}$、
    $\overline{AC}$ 為對稱軸，畫出對稱點 E、F，並連接 $\overline{AE}$、$\overline{AF}$。根據
    圖中標示的角度，求 ∠EAF
    的度數為何？
    (A) 113
    (B) 124
    (C) 129
    (D) 134

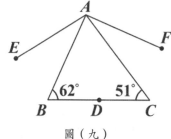

圖（九）

14. 箱子內裝有 53 顆白球及 2 顆紅球，小芬打算從箱子內抽球，
    以每次抽出一球後將球再放回的方式抽 53 次球。若箱子內每
    顆球被抽到的機會相等，且前 52 次中抽到白球 51 次及紅球 1
    次，則第 53 次抽球時，小芬抽到紅球的機率為何？
    (A) $\frac{1}{2}$ (B) $\frac{1}{3}$
    (C) $\frac{2}{53}$ (D) $\frac{2}{55}$

15. 如圖（十），△ABC 中，$\overline{AC} = \overline{BC} < \overline{AB}$。若 ∠1、∠2 分別
   為 ∠ABC、∠ACB 的外角，則下列
   角度關係何者正確？
   (A) ∠1 < ∠2
   (B) ∠1 = ∠2
   (C) ∠A + ∠2 < 180°
   (D) ∠A + ∠1 > 180°

   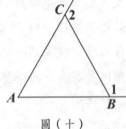
   圖（十）

16. 小涵與阿嘉一起去咖啡店購買同款咖啡豆，咖啡豆每公克的價
   錢固定，購買時自備容器則結帳金額再減 5 元。若小涵購買咖
   啡豆 250 公克且自備容器，需支付 295 元；阿嘉購買咖啡豆 x
   公克但沒有自備容器，需支付 y 元，則 y 與 x 的關係式為下列
   何者？
   (A) $y = \dfrac{295}{250}x$ (B) $y = \dfrac{300}{250}x$
   (C) $y = \dfrac{295}{250}x + 5$ (D) $y = \dfrac{300}{250}x + 5$

17. 如圖（十一），將一張面積為 14 的大三角形紙片沿著虛線剪
   成三張小三角形紙片與一張平行四邊形紙片。根據圖中標示的
   長度，求平行四邊形紙片的面積為何？
   (A) $\dfrac{21}{5}$
   (B) $\dfrac{42}{5}$
   (C) $\dfrac{24}{7}$
   (D) $\dfrac{48}{7}$

   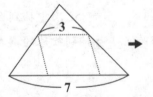 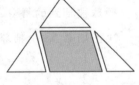
   圖（十一）

18. 圖（十二）的摩天輪上以等間隔的方式設置 36 個車廂，車廂依順時針方向分別編號為 1 號到 36 號，且摩天輪運行時以逆時針方向等速旋轉，旋轉一圈花費 30 分鐘。若圖（十三）表示 21 號車廂運行到最高點的情形，則此時經過多少分鐘後，9 號車廂才會運行到最高點？

(A) 10

(B) 20

(C) $\dfrac{15}{2}$

(D) $\dfrac{45}{2}$

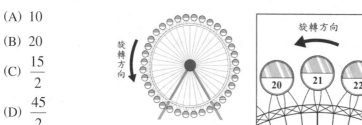

圖（十二）　　　　圖（十三）

19. 如圖（十四），直角三角形 ABC 的內切圓分別與 $\overline{AB}$、$\overline{BC}$ 相切於 D 點、E 點。根據圖中標示的長度與角度，求 $\overline{AD}$ 的長度為何？

(A) $\dfrac{3}{2}$

(B) $\dfrac{5}{2}$

(C) $\dfrac{4}{3}$

(D) $\dfrac{5}{3}$

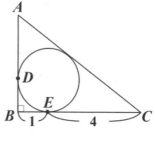

圖（十四）

20. 某旅行團到森林遊樂區參觀，表（一）為兩種參觀方式與所需的纜車費用。已知旅行團的每個人皆從這兩種方式中選擇一種，且去程有 15 人搭乘纜車，回程有 10 人搭乘纜車。若他們纜車費用的總花費為 4100 元，則此旅行團共有多少人？

(A) 16

(B) 19

(C) 22

(D) 25

表（一）

參觀方式	纜車費用
去程及回程均搭乘纜車	300元
單程搭乘纜車，單程步行	200元

21. 小宜跟同學在某餐廳吃飯，圖（十五）為此餐廳的菜單。若他們所點的餐點總共為 10 份義大利麵，x 杯飲料，y 份沙拉，則他們點了幾份 A 餐？

(A) $10 - x$

(B) $10 - y$

(C) $10 - x + y$

(D) $10 - x - y$

A餐：一份義大利麵
B餐：一份義大利麵加一杯飲料
C餐：一份義大利麵加一杯飲料與一份沙拉

圖（十五）

22. 若正整數 a 和 420 的最大公因數為 35，則下列敘述何者正確？

(A) 20 可能是 a 的因數，25 可能是 a 的因數

(B) 20 可能是 a 的因數，25 不可能是 a 的因數

(C) 20 不可能是 a 的因數，25 可能是 a 的因數

(D) 20 不可能是 a 的因數，25 不可能是 a 的因數

23. 如圖（十六），有一三角形 ABC 的頂點 B、C 皆在直線 L 上，且其內心為 I。今固定 C 點，將此三角形依順時針方向旋轉，使得新三角形 $A'B'C$ 的頂點 A' 落在 L 上，且其內心為 I'。若 $\angle A < \angle B < \angle C$，則下列敘述何者正確？

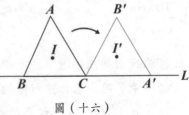

圖（十六）

(A) $\overline{IC}$ 和 $\overline{I'A'}$ 平行，$\overline{II'}$ 和 L 平行

(B) $\overline{IC}$ 和 $\overline{I'A'}$ 平行，$\overline{II'}$ 和 L 不平行

(C) $\overline{IC}$ 和 $\overline{I'A'}$ 不平行，$\overline{II'}$ 和 L 平行

(D) $\overline{IC}$ 和 $\overline{I'A'}$ 不平行，$\overline{II'}$ 和 L 不平行

24. 圖（十七）表示 A、B、C、D 四點在圓 O 上的位置，其中 $\overparen{AD}$ = 180°，且 $\overparen{AB} = \overparen{BD}$，$\overparen{BC} = \overparen{CD}$。若阿超在 $\overparen{AB}$ 上取一點 P，在 $\overparen{BD}$ 上取一點 Q，使得 $\angle APQ$ = 130°，則下列敘述何者正確？

(A) Q 點在 $\overparen{BC}$ 上，且 $\overparen{BQ} > \overparen{QC}$

(B) Q 點在 $\overparen{BC}$ 上，且 $\overparen{BQ} < \overparen{QC}$

(C) Q 點在 $\overparen{CD}$ 上，且 $\overparen{CQ} > \overparen{QD}$

(D) Q 點在 $\overparen{CD}$ 上，且 $\overparen{CQ} < \overparen{QD}$

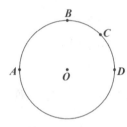

圖（十七）

25. 圖（十八）的 $\triangle ABC$ 中，$\overline{AB} > \overline{AC} > \overline{BC}$，且 D 為 $\overline{BC}$ 上一點。今打算在 $\overline{AB}$ 上找一點 P，在 $\overline{AC}$ 上找一點 Q，使得 $\triangle APQ$ 與 $\triangle PDQ$ 全等，以下是甲、乙兩人的作法：

（甲）連接 $\overline{AD}$，作 $\overline{AD}$ 的中垂線分別交 $\overline{AB}$、$\overline{AC}$ 於 P 點、Q 點，則 P、Q 兩點即為所求

（乙）過 D 作與 $\overline{AC}$ 平行的直線交 $\overline{AB}$ 於 P 點，過 D 作與 $\overline{AB}$ 平行的直線交 $\overline{AC}$ 於 Q 點，則 P、Q 兩點即為所求

對於甲、乙兩人的作法，下列判斷何者正確？

(A) 兩人皆正確

(B) 兩人皆錯誤

(C) 甲正確，乙錯誤

(D) 甲錯誤，乙正確

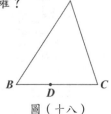

圖（十八）

26. 如圖（十九），坐標平面上有一頂點為 A 的拋物線，此拋物線
　　與方程式 y = 2 的圖形交於 B、C 兩點，且 △ABC 為正三角形。
　　若 A 點坐標為 (–3,0)，則此拋物線
　　與 y 軸的交點坐標為何？

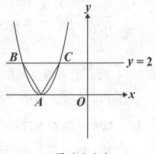

(A) $(0, \dfrac{9}{2})$

(B) $(0, \dfrac{27}{2})$

(C) (0,9)

(D) (0,18)

圖（十九）

第二部分：非選擇題（第 1～2 題）

1. 市面上販售的防曬產品標有防曬係數 SPF，而其對抗紫外線的
　　防護率算法為

$$防護率 = \frac{SPF - 1}{SPF} \times 100\%，其中 SPF \geq 1。$$

　　請回答下列問題：

(1) 廠商宣稱開發出防護率 90% 的產品，請問該產品的 SPF 應
　　標示為多少？

(2) 某防曬產品文宣內容如圖（二十）所示。

圖（二十）

請根據 SPF 與防護率的轉換公式，判斷此文宣內容是否合理，並詳細解釋或完整寫出你的理由。

2. 在公園有兩座垂直於水平地面且高度不一的圓柱，兩座圓柱後面有一堵與地面互相垂直的牆，且圓柱與牆的距離皆為 120 公分。敏敏觀察到高度 90 公分矮圓柱的影子落在地面上，其影長為 60 公分；而高圓柱的部分影子落在牆上，如圖（二十一）所示。

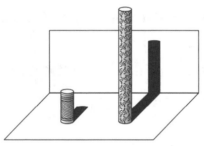

圖（二十一）

已知落在地面上的影子皆與牆面互相垂直，並視太陽光為平行光，在不計圓柱厚度與影子寬度的情況下，請回答下列問題：

(1) 若敏敏的身高為 150 公分，且此刻她的影子完全落在地面上，則影長為多少公分？

(2) 若同一時間量得高圓柱落在牆上的影長為 150 公分，則高圓柱的高度為多少公分？請詳細解釋或完整寫出你的解題過程，並求出答案。

參考公式：

> 📖 和的平方公式：$(a+b)^2 = a^2 + 2ab + b^2$
> 　差的平方公式：$(a-b)^2 = a^2 - 2ab + b^2$
> 　平方差公式：$a^2 - b^2 = (a+b)(a-b)$
> 📖 若直角三角形兩股長為 a、b，斜邊長為 c，則 $c^2 = a^2 + b^2$
> 📖 若圓的半徑為 r，圓周率為 π，則圓面積 $= \pi r^2$，
> 　圓周長 $= 2\pi r$
> 📖 若一個等差數列的首項為 a_1，公差為 d，第 n 項為 a_n，
> 　前 n 項和為 S_n，則 $a_n = a_1 + (n-1)d$，$S_n = \dfrac{n(a_1 + a_n)}{2}$
> 📖 一元二次方程式 $ax^2 + bx + c = 0$ 的解為 $x = \dfrac{-b \pm \sqrt{b^2 - 4ac}}{2a}$

108年國中教育會考數學科試題詳解

第一部分：選擇題（1～26題）

1. **A**

   【解析】 $-\dfrac{5}{3} - (-\dfrac{1}{6}) = -\dfrac{10}{6} + \dfrac{1}{6} = -\dfrac{9}{6} = -\dfrac{3}{2}$

2. **A**

   【解析】 105 年：$1200 + 1000 = 2200$

   　　　　106 年：$2400 + 2000 = 4400$

   　　　　107 年：$2000 + 3200 = 5200$

3. **D**

   【解析】 $(2x - 3)(3x + 4) = 6x^2 - x - 12$

4. **C**

   【解析】 $\triangle : 4 \times 2 = 8$

   　　　　$\square : 2 \times 3 = 6$

   　　　　$\Rightarrow 8a + 6b$

5. **B**

   【解析】 $\sqrt{44} = 2\sqrt{11}$

   　　　　$\sqrt{54} = 3\sqrt{6}$

   　　　　$11 + 6 = 17$

6. **C**

　　【解析】 $430 \times 10^4 \times 10^3 = 4.3 \times 10^2 \times 10^7 = 4.3 \times 10^9$

7. **D**

　　【解析】

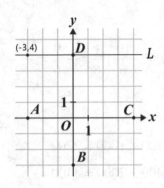

8. **A**

　　【解析】 $5x^2 + 17x - 12 = (5x - 3)(x + 4)$

　　　　　　 $a = 4$、$b = 5$、$c = -3$

　　　　　　 $a + c = 1$

9. **A**

　　【解析】 先不計最左，最右 2 個

　　　　　　 $a_1 = 4$，$a_2 = 6$，$a_n = 2n + 2$，$a_{40} = 82$

　　　　　　 $82 + 2 = 84$

10. **D**

　　【解析】 $|d - 5| = |d - c|$ 代

　　　　　　 表 D 到 B 的距離

　　　　　　 與到 C 的距離相同 $\Rightarrow D$ 為 B、C 中點

11. **C**

【解析】 $2x + 8 = 20$

$\Rightarrow x = 6$

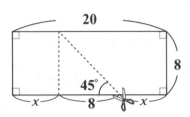

12. **D**

【解析】 設桂圓蛋糕 x 盒，金棗蛋糕 $10 - x$ 盒

$350x + 200(10 - x) \leq 2500$

$\Rightarrow 150x \leq 500 \quad \Rightarrow x \leq \dfrac{10}{3}$

$12x + 6(10 - x) \geq 75 \quad \Rightarrow 6x \geq 15 \quad \Rightarrow x \geq \dfrac{5}{2}$

$\dfrac{5}{2} \leq x \leq \dfrac{10}{3} \Rightarrow x = 3$

$3 \times 350 + 7 \times 200 = 2450$

13. **D**

【解析】 $\alpha° + \beta° = 180° - 62° - 51° = 67°$

$\angle EAF = 2\alpha° + 2\beta°$

$= 2 \times 67° = 134°$

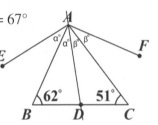

14. **D**

【解析】 抽籤：順序不影響機率

15. **C**

【解析】 $\angle ACB > \angle A = \angle CBA \quad \Rightarrow \angle 2 < \angle 1$

$\angle A + \angle 1 = 180°$

$\angle A + \angle 2 < 180°$

16. **B**

【解析】 若小涵無自備容器，則 250 g 的咖啡豆為 300 元

$$\Rightarrow 1g\text{ 咖啡豆 } \frac{300}{250} \text{ 元}$$

$$y = \frac{300}{250}x$$

17. **D**

【解析】 $\dfrac{7 \cdot \overline{AH}}{2} = 14 \Rightarrow \overline{AH} = 4$

$\overline{AD} : \overline{DH} = 3 : 4$

$\Rightarrow \overline{DH} = 4 \times \dfrac{4}{7} = \dfrac{16}{7}$

平行四邊行 $= 3 \times \dfrac{16}{7} = \dfrac{48}{7}$

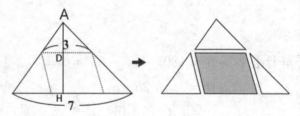

18. **B**

【解析】 $360° \div 36 = 10° \Rightarrow$ 每個車廂 $10°$

21 號至 9 號：$36 - 12 + 9 = 24$

$24 \times 10° = 240°$

$30 \times \dfrac{240}{360} = 20$

19. **D**

【解析】 $(1 + x)^2 + 5^2 = (x + 4)^2$

$\Rightarrow x^2 + 2x + 26$

$\quad = x^2 + 8x + 16$

$\Rightarrow 6x = 10$

$\Rightarrow x = \dfrac{5}{3}$

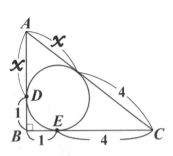

20. **A**

【解析】 設來回均搭乘 x 人，則單趟的為 $25 - 2x$ 人

$300x + 200(25 - 2x) = 4100$

$\Rightarrow 5000 - 100x = 4100$

$\Rightarrow x = 9$

來回 9 人，單趟 7 人，共 16 人

21. **A**

【解析】 沒有飲料的即為 A 餐：$10 - x$

22. **C**

【解析】 由題意知：$420 = 2^2 \times 3 \times 5 \times 7$

$a = 5^m \times 7^n$

$\therefore a$ 無因數 2、3

$\therefore$ (C)

23. **C**

【解析】

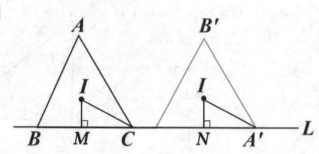

∵ $\angle ICB \neq \angle IA'C$（同位角不相等）

∴ $\overline{IC}$ 和 $\overline{IA'}$ 不平行

又作 $\overline{IM} \perp \overline{BC}$、$\overline{IN} \perp \overline{A'C}$

∵ I 為內心

∴ $\overline{IM} = \overline{IN} = r$

∴ $\overline{II'} /\!/ L$

24. **B**

【解析】 由題意知：

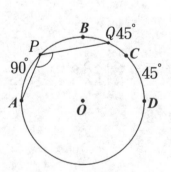

若 $\angle APQ = 130°$

則 $\overparen{AQ} = 260°$

∴ 劣弧 $\overparen{AQ} = 100°$

∴ $\overparen{BQ} = $ 劣弧 $\overparen{AQ} - \overparen{AB}$

　　$= 100° - 90° = 10°$

∴ $\overparen{BQ} < \overparen{QC} = 35°$

25. **A**

【解析】 （甲）

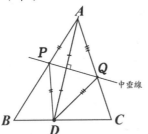

$\therefore \triangle APQ \cong \triangle DPQ$ (SSS)

（乙）

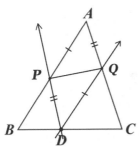

可知：$APDQ$ 為 ▱

$\therefore \overline{AP} = \overline{QD}$，$\overline{PD} = \overline{AQ}$

$\therefore$ 又 $\overline{PQ} = \overline{PQ}$

$\therefore \triangle APQ \cong \triangle DQP$ (SSS)

$\therefore$ 甲、乙皆正確

26. **B**

【解析】 設 $y = a(x+3)^2 + 0$

又 $C(-3 + \dfrac{2}{\sqrt{3}}, 2)$ 代入

得：$2 = a(\dfrac{2}{\sqrt{3}})^2$

$\Rightarrow 2 = a \times \dfrac{4}{3}$

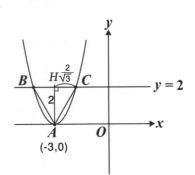

$$\Rightarrow a = \frac{3}{2}\ 代回$$

$$得：y = \frac{3}{2}(x+3)^2$$

$$= \frac{3}{2}x^2 + 9x + \frac{27}{2}$$

$$\therefore 把\ x = 0\ 代入$$

$$得\ y = \frac{27}{2}$$

$$\therefore 交\ (0, \frac{27}{2})$$

第二部分：非選擇題（第 1～2 題）

1. 【答案】如詳解

【解析】 (1) $\underset{9}{\cancel{90\%}} = (\frac{SPF-1}{SPF}) \times \underset{10}{\cancel{100\%}}$

$\Rightarrow 9 \times SPF = 10\ SPF - 10$

$\Rightarrow 10 = SPF$

(2) 若 $SPF = 25$

則防護率 $= \frac{25-1}{25} \times 100\% = 96\%$

若 $SFD = 50$

則防護率 $= \frac{50-1}{50} \times 100\% = 98\%$

$\therefore$ 不合理，應該更正為 "多 2%"。

2. 【答案】 如詳解

　　【解析】 (1) 設影長 x 公分，由題意知光為平行光

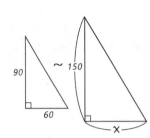

$$\therefore \frac{\overset{3}{\cancel{90}}}{\underset{2}{\cancel{60}}} = \frac{150}{x}$$

$$\therefore x = 100$$

　　　　　(2) 設圓柱高 x 公分

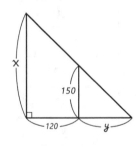

由 (1) 可知：高度：影長

$$= 3 : 2$$

$$\therefore 150 : y = 3 : 2$$

$$\Rightarrow y = 100$$

又 $x : (120 + y) = 3 : 2$

$$\Rightarrow x : 220 = 3 : 2$$

$$\Rightarrow x = 330$$

108 年度國中教育會考
數學科公佈答案

題 號	答 案	題 號	答 案
1	A	16	B
2	A	17	D
3	D	18	B
4	C	19	D
5	B	20	A
6	C	21	A
7	D	22	C
8	A	23	C
9	A	24	B
10	D	25	A
11	C	26	B
12	D		
13	D		
14	D		
15	C		

108 年國中教育會考社會科試題

一、單題：(1～53題)

1. 1854 年某<u>英國</u>博物學家前往<u>東印度群島</u>考察，八年內總共蒐集了 12 萬餘件的生物標本，並著有《<u>馬來群島</u>自然考察記：紅毛猩猩與天堂鳥的原鄉》。該博物學家在當地所見到的傳統住屋型式最可能是下列何者？

(A)

(B)

(C)

(D)

2. 近年來我國政府審慎評估「農村引進農業外勞」的可行性，研擬該政策最主要是爲了因應下列哪一項<u>臺灣</u>農業特色？
   (A) 農作種類多樣　　　　(B) 農業耕地狹小
   (C) 農村人力老化　　　　(D) 農產品商品化

3. 圖（一）是雜誌上的旅遊廣告，該行程的主要特色最可能是下列何者？

(A) 針葉林生態探索

(B) 峽灣海岸郵輪行

(C) 莽原動物大遷徙

(D) 葡萄酒莊體驗遊

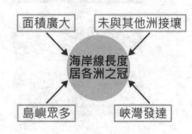

圖（一）

4. 「2016年初，滿載商品的貨運列車從中國浙江義烏出發，經西安、蘭州和烏魯木齊等城市後，駛往伊朗德黑蘭，歷時14天完成首航，再現古絲路的輝煌。」這班列車在駛離中國後，最可能途經下列何地？

　　(A) 中亞　　　(B) 南亞　　　(C) 東歐　　　(D) 東南亞

5. 圖（二）是阿政繪製某大洲海岸特色的成因分析，●代表特色，▢代表成因。該大洲最可能是下列何者？

　　(A) 亞洲

　　(B) 非洲

　　(C) 美洲

　　(D) 歐洲

圖（二）

6. 臺灣因山林面積廣大、巡查不易，出現許多違法開發山林資源的事件。政府機關若要快速比對不同時間的地表狀況，找出可能遭到大範圍違法伐林的地點，使用下列哪一種地圖最為適合？

　　(A) 分層設色圖　　　　　　(B) 地形剖面圖

　　(C) 衛星影像圖　　　　　　(D) 等高線地形圖

7. 圖（三）分別是保存在新竹和宜蘭的歷史文物，根據圖片內容
判斷，這些文物與下列何者關係最密切？

圖（三）

(A) 清朝人才選拔制度的施行

(B) 鄭氏政權對於儒學的推廣

(C) 臺灣總督府所實施的教育制度

(D) 荷蘭聯合東印度公司的文教政策

8. 圖（四）是《美國憲法》某次修正案的內容。此一修正案的通
過最可能與下列哪一
事件有關？

在美國境內或受美國法律
管轄的任何地方，都不允
許有奴隸制或強制勞役的
存在，除非是依法判定的
懲罰。

(A) 獨立宣言的頒布

(B) 門羅宣言的發表

(C) 南北戰爭的影響

(D) 經濟大恐慌蔓延

圖（四）

9. 以下是對中國近代史上某組織的介紹：「他們號召建立一個土
地財產公有和男女平等的社會，科舉考試也向女性開放，考試
內容取自於統治者所闡述的「拜上帝會」教義。他們沒有獲得
西方基督教國家的支持，也無法得到士紳階級的認同，但還是
在南京堅持了十年。」此組織應是下列何者？

(A) 義和團　　　　　　　　(B) 滿洲國

(C) 太平天國　　　　　　　(D) 中國共產黨

10. 圖（五）是臺灣一份報紙的頭版標題，下列何項政策的施行與標題的公告關係密切？

圖（五）

(A) 推廣公地放領

(B) 開放人民組織政黨

(C) 宣布興建十大建設

(D) 實施九年國民義務教育

11. 圖（六）是某一時期亞洲三個國家交流的情形，根據內容判斷，此時期的交流對當時日本造成了何種影響？

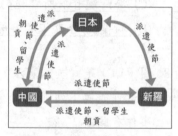

圖（六）

(A) 採行「大化革新」，努力吸收中國文化

(B) 推動「大政奉還」，天皇重新掌權執政

(C) 推行「明治維新」，日本成為亞洲強國

(D) 採行「鎖國政策」，只許中荷前來貿易

12. 爸爸與剛上國中的女兒一同參加家長座談會，看到教室牆上貼著「班級生活公約」，感慨地說：「以前我們唸書時，學生只能遵守由學校制定的校規與班規，真羨慕你們現在師生可以相互溝通，共同擬定大家願意接受的生活公約。」上述父親所描述的轉變，最可能是因下列何項概念逐漸受到重視？

(A) 主權在民　　　　　　(B) 地方自治

(C) 終身學習　　　　　　(D) 學生自治

13. 圖 (七) 為某班園遊會擺設冷飲攤的營收結果,其中甲代表銷貨收入,乙代表利潤。若後來發現生產成本中少列入一筆設備租金費用,在此筆費用列入計算後,圖中甲、乙最可能出現的情況為下列何者?

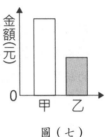
圖 (七)

(A) 甲不變,乙不變
(B) 甲不變,乙下降
(C) 甲下降,乙不變
(D) 甲下降,乙下降

14. 圖 (八) 是某商品的廣告情節,廠商藉由甲、乙二人的對話,凸顯該商品量販包的上市,讓大量採購該商品的民眾更加便利。若甲所提及親屬皆是自己的家人,依圖中訊息判斷,則下列關於甲家中五人的敘述何者正確?

圖 (八)

(A) 甲的奶奶與家人間皆沒有姻親關係
(B) 甲的媽媽與家人間皆沒有配偶關係
(C) 甲的哥哥與家人間皆沒有直系血親關係
(D) 甲的爸爸與家人間皆沒有旁系血親關係

15. 圖 (九) 是新聞報導中的標題,若新聞事件中的受害者要尋求權利救濟,下列哪一項法律最能提供他協助?

圖 (九)

(A) 《刑法》   (B) 《少年事件處理法》

(C) 《性別工作平等法》   (D) 《性別平等教育法》

16. 對於具有歷史意義的建築，有些專家會向政府提報列為古蹟，經被列為古蹟後，依法不得擅自裝修，導致部分仍住在古蹟內的居民，可能因建材腐朽影響居住安全而感到不滿。關於上述內容，從我國對於人民權利保障與限制的角度判斷，下列何者最適當？

(A) 居民認為隱私權受到侵害

(B) 居民認為遷徙自由受到侵害

(C) 專家的目的是為了維持社會秩序

(D) 專家的目的是為了增進公共利益

17. 表 (一) 是某一作物三大品種在全球及中國分布的比較。根據表中資訊判斷，該作物最可能為下列何者？

表 (一)

品種 分布	甲	乙	丙
原產地	衣索比亞	剛果	賴比瑞亞
全球 分布 範圍	28°N～38°S 間的海拔 1300 至 1900 公尺地區，其中以巴西、哥倫比亞最多	10°N～10°S 間的低海拔地區，東南亞、印度及非洲中部和東部為主要栽種區	宜於低海拔地區種植，僅分布於賴比瑞亞、馬來西亞、印度、印尼等國
中國 產區	在雲南、廣西、福建、廣東的南部	主要在海南島	栽種較少

(A) 玉米   (B) 咖啡   (C) 棉花   (D) 葡萄

18. 中國某行政區的南部位於農牧過渡地帶，因氣候乾燥少雨、生態環境脆弱、水土流失嚴重及自然災害頻繁，被聯合國認為是最不適宜人類生存的 地區之一，因此 2011 年當地政府對人民實施搬遷計畫。上述行政區應是圖（十）中何者？

(A) 甲　　　　　(B) 乙

(C) 丙　　　　　(D) 丁　　　　　圖（十）

19. 圖（十一）為 2010 年世界各國都市化程度示意圖，圖中圓圈大小代表該國的都市人口數，圓圈顏色深淺代表該國的都市化程度。其中都市化程度最高的圖例應為下列何者？

(A) ○

(B) ◓

(C) ◉

(D) ●

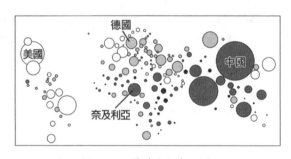

圖（十一）

20. 圖（十二）為小芬在網路上看到的某日下午一點臺灣部分測站的氣溫資料，當時臺灣氣溫空間分布的差異與下列何者關係最為密切？

(A) 大陸冷氣團逐漸南下

(B) 蒸發旺盛形成熱對流

(C) 熱帶低氣壓逐漸增強

(D) 滯留鋒面持續向北移

圖（十二）

21. 有位中國老農夫回憶：「當時煉鋼要超英趕美，因此人人將
　　鍋、鏟全丟進煉鐵爐燒煉。因為上級交代蓋一條用來運鋼的道
　　路，所以只好將鄭和墓塚的石頭拿去墊路基，但我們一直沒有
　　煉出夠多的數量，讓卡車來載運。」上述情況最可能與下列何
　　者有關？
　　(A) 大躍進　　　　　　　　(B) 抗美援朝
　　(C) 文化大革命　　　　　　(D) 六四天安門事件

22. 圖（十三）是政治諷刺漫畫，呈現一
　　帝國在某戰爭結束後，因被迫簽署和
　　約而產生的變化，此戰爭最可能是下
　　列何者？
　　(A) 普法戰爭
　　(B) 英法百年戰爭
　　(C) 第一次世界大戰
　　(D) 第二次世界大戰

圖（十三）

23. 表（二）呈現史前人類生活情形的變化，若要以「舊石器時
　　代 ➔ 新石器時代」的方式，表示舊石器時代至新石器時代的
　　文化變遷，表中甲、乙、丙、丁何者最為適切？
　　(A) 甲
　　(B) 乙
　　(C) 丙
　　(D) 丁

表（二）

甲	種植根莖類作物 ➔ 種植稻米
乙	打製石器 ➔ 磨製石器
丙	燒製陶器 ➔ 冶煉鐵器
丁	不知用火 ➔ 用火煮食

24. 圖（十四）是某時期日本在臺灣發布的告示，此告示最可能與下列何者有關？
(A) 霧社事件
(B) 牡丹社事件
(C) 臺灣民主國
(D) 臺灣民眾黨

本總督已與清國（清朝）欽差完成交接，從此之後，臺灣全島及澎湖列島已屬我國版圖。
然而，前臺灣巡撫竟慫恿在臺灣的清兵，反抗我國。在本總督掃蕩之下，該巡撫已經逃回福建，但潰敗的清兵，仍四處逃竄，嚴重威脅治安。
現在本總督施恩赦免，將派遣船隻，把願意投降的清兵送回清國。若仍冥頑抵抗，絕不寬恕。

圖（十四）

25. 「這個帝國興盛時期，疆域廣大，橫跨三洲。皇帝在政治上享有至高無上的權力，同時在宗教上也是上帝的代表，可以任命帝國首都主教，主導教會行事，而且也常頒布與基督教教義有關的規定。」此一帝國最可能是下列何者？
(A) 查理曼帝國　(B) 拜占庭帝國
(C) 亞歷山大帝國　(D) 神聖羅馬帝國

26. 某媒體常在網站上以虛擬動畫呈現新聞內容，但因表現方式有時過於血腥、暴力，引起輿論譴責。民間團體呼籲該媒體應顧及報導對社會可能產生的負面影響，勿以商業利益為優先考量。上述團體的訴求內容，主要凸顯出下列何項議題的重要性？
(A) 資訊科技的多元發展　(B) 社會團體的監督力量
(C) 新聞報導的自由程度　(D) 傳播媒體的社會責任

27. 近年來醫療機構中醫護人員遭攻擊的暴力事件頻傳，不但嚴重干擾醫療行為的進行，還危及醫護人員的人身安全，因此醫護團體推動相關修法，將這種暴力行為的追究改為非告訴乃論，以遏止此類事件發生。根據上述內容判斷，下列何者正確？
(A) 文中團體的類型屬《人民團體法》中的政治團體

(B) 文中團體若想要達成目的，應向<u>立法院</u>進行訴願

(C) 修法通過後，相關法律條文將交由行政院院長公布施行

(D) 修法通過後，醫護人員同意和解也不會停止檢察官偵查

28. 公民老師在課堂上講述「無罪推定原則」時，請同學舉出例子加以說明，下列何者的舉例最適當？

(A) 甲：「<u>小偉因闖紅燈遭處罰鍰，所以他是有罪的。</u>」

(B) 乙：「<u>花花因涉嫌殺人遭警察逮捕，所以她是有罪的。</u>」

(C) 丙：「<u>大雄雖因恐嚇鄰居遭起訴，但仍不能認定他有罪。</u>」

(D) 丁：「<u>阿娟雖因辱罵他人遭處罰金，但仍不能認定她有罪。</u>」

29. <u>花蓮縣</u>境內有許多高山，隨著近年登山活動日益盛行，轄內的登山意外事故也隨之增加，每次搜救工作常須動員大量人力、物力。為因應此情況，該縣已通過自治條例，將對擅入管制區的民眾處以罰鍰，且若發生山難事故，當事人須自行支付搜救費用。根據上述內容判斷，下列敘述何者正確？

(A) 文中通過規定的機關為<u>立法院</u>

(B) 文中通過規定的機關為縣議會

(C) 違規遭處罰者是負起民事責任

(D) 違規遭處罰者是負起刑事責任

30. 甲、乙、丙、丁四人分別進行了一項投資，其投資報酬率如表（三）所示，若他們各自投資所獲得的利潤皆相同，根據表中內容判斷，何者的投資金額最高？

表（三）

投資人	投資報酬率
甲	10%
乙	20%
丙	30%
丁	40%

(A) 甲　　　(B) 乙　　　(C) 丙　　　(D) 丁

31. 表（四）是 1949 年至 2014 年臺灣北、中、南、東四大區域平均逕流量的相關數據，其中何者為南部區域？

表（四）

月分 區域	11～4 月	5～10 月
甲	1814.66	15668.50
乙	3405.17	11909.67
丙	4186.25	12670.98
丁	5594.71	9446.95

單位：百萬立方公尺

(A) 甲

(B) 乙

(C) 丙

(D) 丁

32. 封裝酒瓶的軟木塞是由栓皮櫟的樹皮製成。根據圖（十五）栓皮櫟的分布區判斷，其生長環境的氣候特色，主要為下列何者？

圖（十五）

(A) 全年有雨，無明顯乾季

(B) 乾燥少雨，年降水量 250mm 以下

(C) 夏雨冬乾，年降水量 1,000mm 以上

(D) 冬雨夏乾，年降水量 400 至 800mm

33. 圖（十六）為蔣渭水高速公路路線圖，其中甲路段經過地形主要為下列何者？

圖（十六）

(A) 山地

(B) 平原

(C) 丘陵

(D) 盆地

34. 我國海軍敦睦艦隊在遠航訓練前，會先繞行臺灣進行短程的航訓任務，並停靠主要港口供民眾參觀。表（五）甲至己爲 2015 年該艦隊依序停靠的本島港口，根據各港口位置判斷，該航線應爲下列何者？

表（五）

港口	經度	緯度
甲	120.27°E	22.62°N
乙	120.15°E	22.99°N
丙	120.52°E	24.26°N
丁	121.74°E	25.13°N
戊	121.86°E	24.60°N
己	121.62°E	23.98°N

(A) 由西南部出發行經臺灣北部至東部沿海
(B) 由西南部出發行經臺灣南部至東部沿海
(C) 由東部出發行經臺灣北部至西南部沿海
(D) 由東部出發行經臺灣南部至西南部沿海

35. 圖（十七）的 ● 處是歷史上某軍事行動後，統治者在征服區所興建的城市。根據分布範圍判斷，此行動最可能是下列何者？

(A) 十字軍東征
(B) 拿破崙征俄
(C) 亞歷山大東征
(D) 日耳曼民族入侵

圖（十七）

36. 圖（十八）是中國歷史上某一史事的相關內容，根據內文判斷，該史事最可能是下列何者？

(A) 齊桓公尊王攘夷
(B) 漢武帝獨尊儒術
(C) 秦始皇焚書坑儒
(D) 清世宗下令禁教

所有的洋人，除了在京師通曉技藝的人員外，一律送往澳門安置，各地天主堂全部沒收，改爲祠廟或義學。

圖（十八）

37. 有一本書提到：「啓蒙運動的基礎是科學革命」，下列何項
敘述，對這句話的詮釋最爲恰當？
(A) 希臘、羅馬文化再發現，強調古代經典作品以人爲本的
價值
(B) 人類社會如同自然世界，可以依循理性尋找普遍的運作
原則
(C) 機器逐漸取代人工生產，實施工廠制度促進物質生活的
發展
(D) 白種人優越意識的提升，肩負開化世界其他地區的神聖
使命

38. 圖（十九）的四張卡片分別代表清朝曾對臺灣採取的統治措
施，若依這些措施最早在
臺施行的時間先後順序排
列，下列何者正確？
(A) 甲 → 丁 → 乙 → 丙
(B) 乙 → 甲 → 丙 → 丁
(C) 丙 → 乙 → 丁 → 甲
(D) 丁 → 丙 → 甲 → 乙

圖（十九）

39. 學者對日本統治時期臺灣學生的校外旅行有以下敘述：「臺北
因是政治中心，常是外地學校旅行的首選，當時參訪景點包含
臺灣神社、臺北市街、總督府等，讓學童藉此感受臺北的文明
進步。隨著此一史事的發生，日本展開對外作戰，之後的旅遊
行程則以到臺灣神社參拜、爲國祈福，並前往醫院慰問戰爭中
受傷士兵爲主。」文中的「史事」應爲下列何者？
(A) 苗栗事件
(B) 噍吧哖事件
(C) 盧溝橋事變
(D) 臺灣議會設置請願運動

40. 新聞報導：新竹縣及縣內的竹北市人口成長快速，若照目前的
增長速度推估，到了2018年底舉辦地方選舉時，依據相關法
律的規定，竹北市選民所能選出的地方民意代表席次，都各將
增加一席。上述報導中所指稱的地方民意代表，應為下列哪一
組合？
(A) 市議員、立法委員　　　(B) 縣議員、立法委員
(C) 市議員、市民代表　　　(D) 縣議員、市民代表

41. 小邁家每個月第一天自製400罐醬菜販售，且為保持產品品
質，當月沒賣完的產品就會銷毀，絕不在下個月販售。圖(二
十)為上半年消費者對小邁家自
製醬菜的需求數量圖。根據圖中
資料判斷，小邁家的醬菜上半年
銷售總量為多少罐？

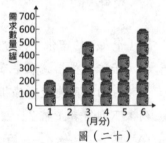
圖（二十）

(A) 2,000　　　(B) 2,100
(C) 2,300　　　(D) 2,400

42. 表(六)為某一時期官方所頒行機關學校放假日期的部分內
容，根據內容判斷，此一日程最可能由下列何者所頒行？

(A) 1895年的清廷
(B) 1929年的南京
國民政府
(C) 1945年的臺灣
總督府
(D) 1979年的中華
人民共和國

表（六）

放假日期	放假事由及天數
1/1	中華民國開國紀念，放假一天
1/2-1/3	新年，放假二天
3/12	孫中山逝世紀念，放假一天
3/29	黃花崗七十二烈士殉國紀念，放假一天
10/10	中華民國國慶紀念，放假一天
11/12	孫中山誕辰紀念，放假一天

43. 圖（二十一）為某國以該國著名的景觀為主題所發行的郵票。

這些郵票最可能是由下列
何國所發行？

(A) 法國
(B) 瑞士
(C) 德國
(D) 西班牙

圖中島嶼位於該國東北部，瀕波羅的海，為該國最大島。

圖中城堡為該國南部山區著名景點，鄰近奧地利邊界處。

圖（二十一）

44. 王先生計畫在圖（二十二）中的甲、乙、丙、丁選擇一地開設工廠，表（七）呈現選擇不同地點設廠的生產成本。若不同設廠地點的成本差異僅來自運輸成本，則相較於原料，該工廠的產品具有下列何種特性？

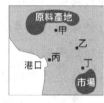

圖（二十二）

表（七）

地點	成本（萬元）
甲	50
乙	100
丙	180
丁	200

(A) 易腐敗　　(B) 易破碎　　(C) 體積變小　　(D) 重量增加

45. 外流就業人口是指不住在戶籍地縣市，而住在外縣市之就業人口，例如某人戶籍地在嘉義縣，但因工作而住在臺南市，則計入嘉義縣的外流就業人口。表（八）為 2012 年桃園縣（已改制為桃園市）、雲林縣、臺東縣、澎湖縣四個行政區的外流就業人口統計資料，其中何者為桃園縣？

(A) 甲
(B) 乙
(C) 丙
(D) 丁

表（八）

行政區	外流就業人口（千人）	外流就業人口占該區就業人口比率（%）
甲	12	30.78
乙	31	29.86
丙	83	25.06
丁	59	6.28

46. 十九世紀後期，一位美國學者到臺南考察，當地西拉雅族頭目帶著二十餘文件讓他瀏覽，這些文件以羅馬字母、漢字拼寫，標注清朝雍正、乾隆及嘉慶的年號和日期，又蓋有印章。他認為這是極有價值的史料，因此便以槍枝換取了這些文件。這些文件的內容最可能包含下列何者？

(A) 噍吧哖事件始末
(B) 安平洋行貿易資料
(C) 臺灣總督府林野調查紀錄
(D) 原住民與漢人土地交易契約

47. 第二次世界大戰後，許多殖民地脫離原殖民母國獨立而成為新興國家，但由於當初列強占領時未考慮該地區族群、宗教等因素，導致這些新興國家境內常因不同立場、生活方式等而發生衝突。下列何種作法最有助於減緩上述衝突？

(A) 發揚主流價值，同化少數族群
(B) 削弱次文化勢力，獨尊強勢文化
(C) 尊重不同族群，包容多元文化差異
(D) 鼓勵全球化思維，限制本土文化發展

48. 圖（二十三）為日本近年來對於中國和東協國家的投資金額統計，對兩者投資金額差距擴大與下列何者關係最為密切？

(A) 東南亞天災日益頻繁
(B) 東協的生產成本較低
(C) 中國實施全面開放二胎
(D) 東協反日意識漸趨高漲

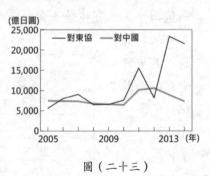

圖（二十三）

49. 全球穆斯林人口成長快速，市場商機相當龐大，資訊科技產業針對該族群的需求，設計相關產品，例如智慧型手機的應用程式可在任何地點指引禮拜方向、提醒禮拜時間、判別經過認證的食物等。下列何者也是針對上述族群所設計？
(A) 線上拉丁文翻譯字典
(B) 手機查詢無牛肉料理的餐廳
(C) 《聖經》閱讀筆及口袋電子書
(D) 利用虛擬實境技術做麥加的虛擬朝聖

50. 宋朝宰相王安石力圖變法，但因個性固執，不接納眾人意見，加上用人不當，導致變法失敗。若某部連續劇讓王安石以穿越時空的方式，意外成為我國最高行政機關首長，然而他的作風依舊不變，引發朝野不滿。根據我國現行憲政體制判斷，下列何者最可能是穿越時空後的王安石將面臨的處境？
(A) 由憲法法庭審理
(B) 被監察院提案糾正
(C) 遭立法院提出彈劾案
(D) 遭立法院提出不信任案

51. 表（九）是一件發生在中國境內的案件審判概況，根據內容判斷，此審判最可能出現在下列何時？

表（九）

審判概況	
審判地點	廈門的美國領事法庭
裁決者	美國駐廈門領事館總領事
陪審員	三人，包括一名美國領事館代表
被告	美國公民 J.H. Edward
罪名	於中國非法徵募及販運勞工至國外
判決	依美國法律判決一年監禁、罰款一千美元

(A) 十七世紀前期 　　　　　(B) 十八世紀前期

(C) 十九世紀後期 　　　　　(D) 二十世紀後期

52. 「這個國家有著多處世界文化遺產，包括馬雅文明的城市遺
址、阿茲提克帝國神廟遺跡、西班牙殖民時期重要銀礦區，
和多座壯麗的天主教教堂及修道院。」此一國家最可能是下
列何者？

(A) 巴西 　　　　　　　　　(B) 古巴

(C) 秘魯 　　　　　　　　　(D) 墨西哥

53. 我國總統自直接民選以來，歷屆總統、副總統選舉的選舉資
料概況，如表（十）所示。根據表中資料判斷，可對近年的
社會現象做出何項推論？

表（十）

屆數	總人數（萬人）	具投票權人數（萬人）	具投票權人數比例（％）	投票率（％）
9	2131	1431	67.16	76.04
10	2213	1546	69.86	82.69
11	2257	1650	73.12	80.28
12	2292	1732	75.56	76.33
13	2322	1808	77.88	74.38
14	2348	1878	79.98	66.27

(A) 人口結構顯示出少子化現象

(B) 民眾政治參與意願逐年上升

(C) 自然增加率大於社會增加率

(D) 政黨輪替後兩黨制日趨成型

二、題組：（54～63題）

閱讀下列選文，回答第 54 至 56 題：

高雄市 岡山區的開發甚早，過去曾隸屬於萬年州，當時的「統治政權」亦派官員進駐治理。岡山當地迄今仍保有許多傳統，例如：至今已有兩百多年歷史的「籃筐會」，一年固定舉辦三次，時間分別在農曆 3 月 23 日（媽祖生日）、農曆 8 月 14 日（中秋節前夕）及農曆 9 月 15 日（義民爺生日），早期以販售竹製農用器具為主，現今販售的商品內容已逐漸多元化，類似一般傳統的市集。

近年來，區公所還時常將當地羊肉料理特產與籃筐會結合，擴大宣傳岡山羊肉文化節與籃筐會，希望藉此吸引更多的遊客，活絡地方經濟。但部分住戶反應，舉辦籃筐會所吸引而來的遊客車潮，經常導致鄰近地區大塞車，因此希望相關單位規畫解決之道，不要讓問題一再重演。

54. 上述「統治政權」，曾同時在臺灣設置下列哪一個行政區？
    (A) 淡水廳
    (B) 天興州
    (C) 噶瑪蘭廳
    (D) 臺東直隸州

55. 上文中的區公所主要是經由下列何種方式，來達到活絡地方經濟的目的？
    (A) 提高農漁牧業比例
    (B) 興建社區活動中心
    (C) 增加地方賦稅收入
    (D) 發展地方特色產業

56. 由文中內容判斷，下列何項作法最有助於解決「籃筐會」活動所產生的問題，且不影響區公所舉辦此活動的目的？

(A) 調高到訪遊客的入場停車費用

(B) 調降販售業者的攤位承租費用

(C) 提供免費公車以減少車輛進出

(D) 提供觀光資訊以及商品優惠券

閱讀下列選文，回答第 57 至 58 題：

> 每天黎明時，來自海上的厚重霧氣會逐漸瀰漫到智利的沙漠邊緣。研究人員發明一種如圖（二十四）的採霧設備，將其裝置在迎風面，使霧中水氣凝結在無數細微黑線上再匯聚成水滴，最終落入容器中累積。由於架設方便、集水效率高，此技術已推廣至其他水資源相對稀少的地區。
>
>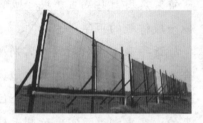
> 圖（二十四）

57. 文中所指的霧氣最可能來自下列何者？

    (A) 大西洋   (B) 太平洋   (C) 印度洋   (D) 北極海

58. 根據上文判斷，下列何者最可能是適宜推廣此項設備的地區？

    (A) 亞洲東南部   (B) 非洲西南部

    (C) 歐洲西北部   (D) 北美洲東北部

閱讀下列選文，回答第 59 至 61 題：

> 在紅豆播種期間，有些農民會在田間施用毒餌，以避免小型鳥類啄食剛撒在土壤上的種子而影響收成，這樣的作法雖能降低農業損失，但由於黑鳶會撿食遭毒死的小型鳥類屍體，所

以也間接造成許多黑鳶中毒死亡，影響整體生態環境。有位<u>林</u>姓農夫因認同守護黑鳶的想法和作為，決定改採較友善的耕作方式種植紅豆，他以機械播種將紅豆深埋入土中，取代毒害鳥群的行為，雖然生產成本因而上升，但他相信這才是正確的作法。

　　此情況經媒體報導後，吸引某一企業主的關注，決定與農民簽訂耕作契約，保證以特定價格收購農產品，讓農民專心生產，而由該企業負責銷售。受到契約保障的鼓勵，有更多農夫願意嘗試改變作法，與生態環境和諧共生。

59. 關於文中最初提及的降低農業損失作法及其影響，隱含了下列哪一概念？
　　(A) 比較利益　　(B) 供給法則　　(C) 受益原則　　(D) 外部效果

60. 文中<u>林</u>姓農夫的轉變，可用下列何者說明？
　　(A) 制度變遷影響生產者行為
　　(B) 制度變遷影響消費者行為
　　(C) 理念變遷影響生產者行為
　　(D) 理念變遷影響消費者行為

61. 關於文中提及企業主與農夫合作的方式，若雙方在合作內容簽訂生效後，對於內容發生爭議，以下列何種方式處理最為適當？
　　(A) 向調解委員會聲請調解
　　(B) 向當地警察局提出告訴
　　(C) 向地方法院提起刑事訴訟
　　(D) 向訴願管轄機關提起訴願

閱讀下列選文，回答第 62 至 63 題：

「歐洲綠化帶」是一條覆蓋歐洲 24 個國家，長達 12,500 公里的生態保護區域。這個保護區域最早是沿著歷史上東德、西德之間的邊界形成，當時邊界滿布隔離設施，阻絕人車，使得這片地帶近 40 年免於人為開發與破壞，土地和生物都得以喘息。之後，環保人士倡議繼續沿著過去敵對雙方的邊界線拓展保護區域，形成如圖（二十五）所示的「歐洲綠化帶」。近年來「歐洲綠化帶」的工作團隊，也在亞洲已經軍事對峙六十餘年的「停戰線」處，協助規畫設立生態保護區域，提供野生動植物棲息地。

圖（二十五）

62. 根據上文與圖中資訊判斷，上述「歐洲綠化帶」主要路線的形成，最可能與下列何者關係密切？
　(A) 希臘正教與羅馬公教的衝突對立
　(B) 第一次世界大戰時壕溝戰的僵持
　(C) 德蘇互不侵犯條約下的勢力畫分
　(D) 冷戰時期共產和反共集團的對峙

63. 根據上文，近年來「歐洲綠化帶」的工作團隊，應是在圖（二十六）中甲、乙、丙、丁何處，協助規畫設立生態保護區域？
　(A) 甲　　　　(B) 乙
　(C) 丙　　　　(D) 丁

圖（二十六）

108年國中教育會考社會科試題詳解

一、單題（第 1-53 題）

1. **D**

   【解析】 東印度群島是現在印尼，印尼為熱帶雨林氣候，
   故選干欄式建築 (D)。

2. **C**

   【解析】 農村引進外勞代表勞力不足，勞力不足最大原因
   在於台灣農業勞力老化。

3. **C**

   【解析】 東非地區為熱帶莽原氣候以及高地氣候，以當地
   特色選擇判斷，故答案選 (C)。

4. **A**

   【解析】 古絲路路線為長安出發前往新疆 → 中亞 → 東歐
   地區，故選中亞 (A)。

5. **C**

   【解析】 未與其他洲相連即可把歐、亞、非三洲刪除，選
   美洲，歐、亞大陸本就為一區，而非洲東北角部
   分和亞洲相連。

6. **C**

   【解析】 關鍵字為「快速比對不同時間」，由此可知用衛
   星影像圖最能馬上比對出差異。

7. **A**

【解析】 科舉制度為漢人制度，故可知為明鄭以及清朝時期，又宜蘭地區為清領嘉慶皇帝設置噶瑪蘭廳，故可知題目中所指為清領時期的科舉制度。

8. **C**

【解析】 圖片中指出美國不允許有奴隸，可知美國廢除黑奴，美國廢除黑奴相關事件為南北戰爭。

9. **C**

【解析】 「拜上帝會」可直接得知為太平天國。

10. **B**

【解析】 解嚴為民國 76 年事件，解嚴同時解除了黨禁、報禁、大陸探親的限制。

11. **A**

【解析】 由圖片的新羅可以得知此時期為唐朝，此時期的日本由孝德天皇主導進行大化革新唐化運動。

12. **D**

【解析】 學生自治是指由學生成立自治組織，訂定規範，自行管理公眾事務。題幹提及「班級生活公約」在老師指導下，由學生針對學生的事務自行訂定大家願意接受的公約，屬於學生自治的一環，故答案選 (D)。

13. **B**

【解析】 利潤＝銷貨收入－生產成本；銷貨收入＝商品價格×銷售量。題幹提及「成本中少列入一筆設備

租金費用」，顯然甲的銷貨收入不會受到影響，但乙的「利潤」則會因為成本上升（多計入設備租金費用）而隨之下降，故答案選 (B) 甲不變，乙下降。

14. **D**

【解析】 親屬關係分為配偶、血親和姻親。(A) 奶奶和媽媽存在姻親關係；(B) 媽媽和爸爸屬於配偶關係；(C) 哥哥則是和爸媽屬於直系血親關係，故答案選 (D) 甲的爸爸與家人間皆沒有旁系血親關係。

15. **D**

【解析】 「國中學生開黃腔」即「以明示或暗示之方式，從事不受歡迎且具有性意味或性別歧視之言詞或行為，致影響他人之人格尊嚴、學習、或工作之機會或表現者。」屬於校園內的性騷擾，優先適用《性別平等教育法》，應由教育主管單位處理提供權利救濟，故答案選 (D)。

16. **D**

【解析】 題幹中政府對於古蹟維護進而對居民的財產權利用有所限制，為維護全體人類共享之文化資產價值，在憲法上屬「增進公共利益」的目的。
(A) 與隱私權無關；(B) 影響到居住自由；
(C) 與維持社會秩序無關，故答案選 (D)。

17. **B**

【解析】 題目中的原產地都在非洲，由分布地可以判斷此作物為熱帶作物，故選熱帶栽培業之作物 — 咖啡。

18. **B**

【解析】 農牧過渡地帶可以判斷此地區雨量為250～500之間，而選項中符合此條件的只有乙地區，故選 (B)。

19. **A**

【解析】 此題考題關鍵字為「都市化程度」——亦即一個地區都市人口之比例。而全世界都市化程度最高的地區為中南美洲，因鄉村過於貧窮故人口多集中在都市，形成首要型都市。

20. **A**

【解析】 影響夏季氣溫比較明顯的因素是高度，影響冬季氣溫較明顯的因素是緯度，由圖中可知南北有極大溫差，故可知為緯度不同造成的差異，為冬季氣溫之特色，故選大陸冷高壓。

21. **A**

【解析】 關鍵字為「超英趕美」，由此可判斷答案為大躍進。

22. **C**

【解析】 奧匈帝國分裂成奧地利以及匈牙利為第一次世界大戰後「巴黎和會」中列強決議產生。

23. **B**

【解析】 舊石器 → 新石器有幾點明顯變化：1、使用陶器；2、開始有農業；3、打製石器變為磨製石器。

24. **C**

【解析】由圖中可知台灣本島已經由清朝給某國，由此可知為甲午戰爭馬關條約割讓台灣，而殘留抵抗的人民可以知道為台灣民主國。

25. **B**

【解析】跨三洲帝國當中，同時擁有宗教代表權的為東羅馬帝國的政教合一。

26. **D**

【解析】民間團體呼籲該媒體應顧及報導對社會可能產生的負面影響，勿以商業利益為優先考量，強調要求傳播媒體應善盡社會責任，故答案選 (D)。

27. **D**

【解析】依題意 (A) 醫護團體屬《人民團體法》中的職業團體或社會團體；(B) 應向立法院進行請願，非訴願；(C) 修法通過後，相關法律將交由「總統」公佈施行。非告訴乃論之罪，指任何的犯罪事實一旦經檢察官或是司法警察知道後，就必須依法偵查，進而決定是否起訴，告訴人即便放棄告訴或撤回告訴，非告訴乃論之罪的刑事程序仍將進行，故答案選 (D)。

28. **C**

【解析】「無罪推定原則」是指被告未經審判證明有罪確定前，推定其為無罪。(A) 闖紅燈遭罰鍰是行政罰；(B) 未判刑確定；(D) 遭處罰金是已判刑確

定。(C) 起訴階段尙未判刑確定，不能認定爲有罪，符合「無罪推定原則」，故答案選 (C)。

29. **B**

【解析】 (A) 地方政府的自治條例由地方立法機關通過；(C) (D) 從文中遭罰「罰鍰」判斷，是行政責任。(B) 花蓮縣的立法機關爲縣議會，故答案選 (B)。

30. **A**

【解析】 投資報酬率＝（獲利金額÷投資金額）×100%。依題意「獲得的利潤相同」，表示投資金額較多者，則其投資報酬率相對較低，故答案選 (A)。

31. **A**

【解析】 判斷台灣南部逕流量可知此題關鍵爲考荒溪型河川，台灣南部地區受降雨季節分布不均影響最爲嚴重，故答案選多夏比例相差最大的即是答案。

32. **D**

【解析】 由圖中可以得知分布地區約爲 30～40 度大陸西側，由此條件可以判斷出考溫帶地中海型氣候，故答案選夏乾多雨。

33. **B**

【解析】 甲路線爲頭城到蘇澳，題目問中間地形，由圖中可知中間經過宜蘭、羅東，這兩地區是由蘭陽溪沖積而成的蘭陽平原（宜蘭平原），故選平原地形。

34. **A**

【解析】台灣經度為東經 120～122 度，緯度為北緯 22～25 度，故可得知行經方向為由西南向北走至東部。

35. **C**

【解析】主要城市點在印度，在下列選項中唯一有東征至印度的僅有亞歷山大，故答案選 (C)。

36. **D**

【解析】由各地天主堂皆被沒收以及洋人全部離開至澳門，可以判斷為雍正禁教。

37. **B**

【解析】啟蒙運動是受到科學革命啟發；科學革命是企圖找出宇宙的共同法則；啟蒙運動則是將科學革命的方式用於社會學中，企圖找出人類社會的共同法則。

38. **C**

【解析】劃界封山：康熙年間；開港通商：英法聯軍天津條約；開山撫番：牡丹社事件沈葆楨來台；建省：中法戰爭後。

39. **C**

【解析】關鍵字為「台灣神社」，由此可知台灣進入皇民化運動時代，皇民化運動起於民國 26 年蘆溝橋事變後。

40. **D**

【解析】 依題意判斷，首先確認「新竹縣」與「竹北市」皆為地方政府，再進行判斷各自「地方民意代表」。(A) (B) 立法委員為中央民意代表；(C) 新竹縣民意代表為縣議員，非市議員。(D) 新竹縣民意代表為縣議員，竹北市民意代表為市民代表，故答案選 (D)。

41. **A**

【解析】 依題意每月自製 400 罐為供給量條件，所以需求數量未達 400 罐時，由需求數量決定銷售量；需求數量超過 400 罐時，銷售量則為 400 罐。1～6 月銷售總量 = 200 + 300 + 400 + 300 + 400 + 400 = 2000，故答案選 (A)。

42. **B**

【解析】 10 月 10 日國慶日可知為中華民國時期，故答案選 (B)。

43. **C**

【解析】 由兩張郵票可知此國國土北方鄰近海洋，且靠近奧國，於奧國旁有如此國土可判斷為德國。

44. **C**

【解析】 由題目中可知設廠區位為原料區位，原料區位特色：原料製成產品比例相差懸殊，由此可知答案選 (C)。

45. **D**

【解析】　由題目可知外流就業人口表示此區易吸收他區人移入，而桃園地區因鄰近台北都會區，故成爲許多人口移入地區，由表格可以判斷外流移入就業人口最多的即是桃園。

46. **D**

【解析】　西拉雅族以羅馬文字拼寫，由此可知爲新港文，新港文多出現於契約文書上。

47. **C**

【解析】　依題意「當初列強占領時未考慮該地區族群、宗教等因素，導致新興國家境內常因不同立場、生活方式等而發生衝突」，表示未能尊重不同文化的差異性而產生衝突，因而減緩不同文化間的衝突，並非同化與削弱或限制其他文化的發展，而在於互相尊重與包容，故答案選 (C)。

48. **B**

【解析】　近年由於大陸工資上漲，使許多勞力密集產業移至東南亞地區，故答案選 (B)。

49. **D**

【解析】　穆斯林人口可以得知考題爲伊斯蘭教，(A) (C) 拉丁文爲基督教之特色；(B) 選項牛肉爲印度教之傳統。

50. **D**

【解析】 王安石若穿越至現代擔任我國「最高行政機關首長」，意指擔任行政院長。(A) 憲法法庭負責審理「總統、副總統」彈劾案及政黨違憲解散案；(B) 監察院「糾正」對象為「機關」而非「人」；(C) 立法院彈劾案的行使對象為總統而非行政院長。行政院長作風引發朝野不滿，可由立法院發動不信任案，使行政院長下台，又稱「倒閣」，故答案選 (D)。

51. **C**

【解析】 在中國境內由外國審判，可以判斷此為領事裁判權喪失，領事裁判權為鴉片戰爭（1840 年）後喪失，故答案選 (C)。

52. **D**

【解析】 阿茲特克、馬雅古文明都是位於中美洲墨西哥地區，故答案選 (D)。

53. **A**

【解析】 總人口數的變化幅度不大，而我國國民自 20 歲起具有總統、副總統投票權，在投票權人數比例上則逐屆增加，由此推論幼年人口比例逐年降低，我國人口結構有少子化現象，故答案選 (A)。
(B) 投票率每屆呈現高低不同變化，無法推論政治參與意願逐年上升；(C) 無法推論為自然增加率大於社會增加率；(D) 無法推論政黨輪替與兩黨制。

二、題組（第 57-63 題）

54-56 為題組

54. **B**

　　【解析】題目中提及萬年州可知為明鄭時期，明鄭時期設
　　　　　　置承天府 — 台南；以北天興州；以南萬年州。

55. **D**

　　【解析】依題意「籃籗會」為在地傳統文化市集活動，
　　　　　　「區公所將當地羊肉料理特產與籃籗會結合，擴
　　　　　　大宣傳岡山羊肉文化節」，此即發展地方特色產
　　　　　　業，故答案選 (D)。

56. **C**

　　【解析】依題意政府作法必須「不影響地方經濟且要解決
　　　　　　大塞車問題」。(A) 停車費調高會導致遊客停車
　　　　　　（需求量）減少；(B) (D) 無助於解決塞車問題。
　　　　　　(C) 提供免費公車可減少車輛進出，維持遊客前往
　　　　　　的意願，同時減緩塞車問題，故答案選 (C)。

57-58 為題組

57. **B**

　　【解析】智利為南美洲西部地區，由地理位置可以判斷其
　　　　　　鄰近太平洋。

58. **B**

　　【解析】智利北部地區為熱帶沙漠氣候，故選同樣條件地
　　　　　　區，非洲西南部亦為熱帶沙漠氣候。

59-61 為題組

59. **D**

　　【解析】 依題意「農民會在田間施用毒餌，以避免小型鳥類啄食剛撒在土壤中的種子，進而影響整體生態環境」，可以判斷農民「撒毒餌」的作法造成其他鳥類中毒死亡，影響整體生態環境，屬於負面的「外部效果」製造外部成本，故答案為 (D)。

60. **C**

　　【解析】 依題意「林姓農夫因認同守護黑鳶的想法和作為」，而認同的想法就是屬於理念層次；林姓農夫改變耕作方式「以機械播種紅豆」，可判斷為生產者的生產行為，故答案選 (C)。

61. **A**

　　【解析】 農民與企業簽訂耕作契約屬於民法上的權利義務關係。(B) (C) 非刑事訴訟；(D) 民事契約爭議不能提起訴願。(A) 民事契約上發生爭議，可進行調解。

62-63 為題組

62. **D**

　　【解析】 歐洲綠化帶劃分可以判斷為東西歐分界，此劃分為二次世界大戰之後民主與共產陣營對峙之地區分界。

63. **A**

　　【解析】 題目中有提及軍事對峙近 60 年之亞洲地區，由此題幹可以判斷為朝鮮半島。

108 年度國中教育會考
社會科公佈答案

題 號	答 案	題 號	答 案	題 號	答 案
1	D	22	C	43	C
2	C	23	B	44	C
3	C	24	C	45	D
4	A	25	B	46	D
5	C	26	D	47	C
6	C	27	D	48	B
7	A	28	C	49	D
8	C	29	B	50	D
9	C	30	A	51	C
10	B	31	A	52	D
11	A	32	D	53	A
12	D	33	B	54	B
13	B	34	A	55	D
14	D	35	C	56	C
15	D	36	D	57	B
16	D	37	B	58	B
17	B	38	C	59	D
18	B	39	C	60	C
19	A	40	D	61	A
20	A	41	A	62	D
21	A	42	B	63	A

108年國中教育會考自然科試題

1. 野外露營或攀登高山時，鎂塊常是求生必備的物品之一。將鎂塊削成碎片，在潮濕環境或強風吹襲中，仍然能引燃柴火，是一種較不受環境限制的野外生火方式。關於將鎂塊「削成碎片」的動作，主要是考慮下列何種影響反應速率的因素？
   (A) 溫度　　　(B) 催化劑　　　(C) 物質本質　　　(D) 接觸面積

2. 圖（一）為小賀進行某實驗的步驟圖，最後觀察燈泡是否發亮。關於燈泡發亮與否及其解釋原因，下列何者正確？

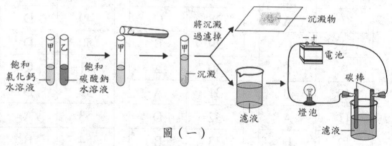

圖（一）

   (A) 會發亮，因濾液只含有水
   (B) 會發亮，因濾液含有電解質
   (C) 不會發亮，因濾液只含有水
   (D) 不會發亮，因濾液含有電解質

3. 表（一）為某地區某日整天每三個小時區間的降雨機率表，根據表中的資訊，下列推論何者最合理？

   (A) 該地區當天的降雨機率皆為 25%

表（一）

時間區間	降雨機率
00：00～03：00	0%
03：00～06：00	0%
06：00～09：00	0%
09：00～12：00	20%
12：00～15：00	60%
15：00～18：00	90%
18：00～21：00	30%
21：00～24：00	0%

(B) 該地區當天有下雨的時間為 12 小時

(C) 該地區當天最可能下雨的時段為午後至傍晚

(D) 該地區隔天將有鋒面過境，使氣溫大幅下降

4. 若將人體的白血球及植物的保衛細胞分別置於兩杯蒸餾水中一段時間，關於哪一種細胞不會破裂及其原因，下列何者最合理？

(A) 白血球，因具粒線體　　　(B) 白血球，因具細胞膜

(C) 保衛細胞，因具液胞　　　(D) 保衛細胞，因具細胞壁

5. 小帆想知道某一植株在不同環境條件下，葉片行光合作用時速率的快慢，應依據下列哪一資料進行推測最為合理？

(A) 單位時間內產生氧氣的量

(B) 單位時間內消耗葉綠素的量

(C) 單位時間內消耗葡萄糖的量

(D) 單位時間內產生二氧化碳的量

6. 小玲取了某株植物的部分組織，放入培養基中進行繁殖，有關以此方式繁殖出的新植株，下列敘述何者最合理？

(A) 是由原植株的細胞經減數分裂產生

(B) 是由原植株的細胞經細胞分裂產生

(C) 新植株細胞內的基因為原植株細胞的一半

(D) 新植株細胞內的染色體為原植株細胞的一半

7. 可慧使用網路上的電子地圖來規劃行程，當她輸入起點與終點後，電子地圖提供了步行（🚶）與開車（🚗）兩種路線規劃，如圖（二）所示。下列有關此兩種路線規劃的敘述，何者正確？

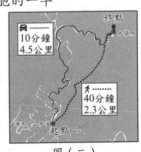

圖（二）

(A) 位移相同   (B) 路徑長相同

(C) 平均速度相同   (D) 平均速率相同

8. 甲、乙、丙三條完全相同的彈簧懸掛在一根水平橫桿上，甲彈
簧無懸掛物品，乙彈簧懸掛重量為 W_1 公克重的砝碼，丙彈簧
懸掛重量為 W_1 公克重及 W_2 公克重的砝碼，靜止平衡時，三
者的長度關係如圖（三）所示。

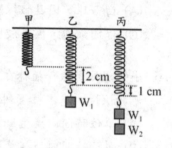

若三條彈簧質量均很小忽略不計，
且乙、丙兩彈簧在取下砝碼後，
均可恢復原長，由上述資訊判斷
$W_1 : W_2$ 應為下列何者？

(A) 1：2   (B) 2：1

(C) 2：3   (D) 3：2

圖（三）

9. 已知甲、乙、丙、丁四種粒子為原子或單原子離子，其單一粒
子的原子序與電子數如表（二）
所示。關於此四種粒子的敘述，
下列何者正確？

表（二）

粒子	原子序	電子數
甲	8	8
乙	9	10
丙	10	10
丁	12	10

(A) 甲、丙均呈電中性

(B) 乙、丙是相同的原子

(C) 乙、丁的帶電量相同

(D) 甲、丁的質子數均大於電子數

10. 圖（四）為地球地表附近乾燥空氣的
組成百分率圖，此圖中，所有能與點
燃的線香發生化學反應的氣體百分率
之總和，約為多少？

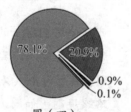

圖（四）

(A) 20.9%   (B) 21.8%   (C) 78.1%   (D) 79.0%

11. 小美在同一條河川的上游與下游河谷，分別採集了當地河谷中
　　主要外觀類型的石頭，並依採集地點分成甲、乙兩組。已知這
　　兩組石頭的組成成分皆相同，但甲組表面具有明顯稜角，乙組
　　表面則光滑平坦且大致呈橢圓形，如圖（五）所示。關於甲、
　　乙兩組石頭的採集地點與造成兩組石頭外
　　觀差異的推論，下列何者最合理？

甲　　　乙

(A) 甲組位於下游河谷，因搬運距離較遠
　　而撞出稜角　　　　　　　　　　　　　　　圖（五）

(B) 乙組位於下游河谷，因搬運距離較遠而磨圓磨平

(C) 甲組位於上游河谷，因搬運能力較下游弱，容易撞出稜角

(D) 乙組位於上游河谷，因搬運能力較下游弱，容易磨圓磨平

12. 如圖（六）所示，海上某小島有一條可連結到對岸沙灘的沙子
　　道路，此道路每日都會因海水漲落而露
　　出或淹沒。下列有關此道路與潮汐的描
　　述何者正確？

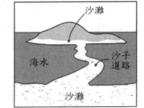

沙灘

海水　　　　沙子道路

沙灘

(A) 此道路是在潮間帶的範圍內

(B) 此道路在乾潮時會被海水給淹沒

(C) 此道路每天約中午十二點時露出海面　　　圖（六）

(D) 此地潮差越大，道路能露出的最大寬度越窄

13. 將一根帶正電的玻璃棒靠近一顆以絕緣細線懸掛的不帶電金屬
　　球，但玻璃棒與金屬球不互相接觸。關於金屬球兩側所帶電性
　　與受力達平衡狀態的示意圖，下列何者最合理？

(A)　　　　　　　(B)　　　　　　　(C)　　　　　　　(D)

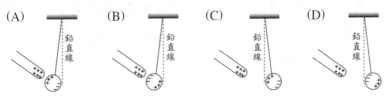

14. 市售防曬霜依其阻擋紫外線的原理，分為物理性和化學性兩種。物理性防曬霜的主要成分為二氧化鈦（TiO_2）或氧化鋅（ZnO）；化學性防曬霜的主要成分為柳酸酯（$C_{15}H_{22}O_3$）或肉桂酸酯（$C_{18}H_{26}O_3$），均為酯類。根據上述，判斷物理性和化學性防曬霜的主要成分分別屬於有機或無機化合物？
    (A) 物理性和化學性皆屬於有機化合物
    (B) 物理性和化學性皆屬於無機化合物
    (C) 物理性屬於有機化合物，化學性屬於無機化合物
    (D) 物理性屬於無機化合物，化學性屬於有機化合物

15. 「這輛槽車所載運的物質為鈍氣，危險性較低……」上述為某槽車發生交通事故時，消防人員所說的一段話。根據上述內容，槽車所載運的化學物質最可能會在圖（七）元素週期表中的甲、乙、丙和丁哪一個區域內？

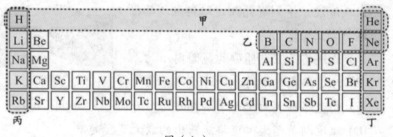

圖（七）

    (A) 甲　　　　(B) 乙　　　　(C) 丙　　　　(D) 丁

16. <u>小文</u>到地質公園出遊，他在園區內看見一露出地表的岩層，此岩層具有層狀構造且整體呈現傾斜狀態。岩層內除了可發現許多海洋生物碎屑化石外，也可發現完整的珊瑚化石，下列關於此岩層的推論何者最合理？
    (A) 由岩漿冷卻凝固後所形成

(B) 岩層形成後才受力而傾斜

(C) 當時形成的環境屬於陸地環境

(D) 因風化侵蝕作用而呈現傾斜狀態

17. 某種昆蟲的體色是由一對等位基因所控制，深色對淺色為顯性，以 T 表示顯性等位基因，以 t 表示隱性等位基因。已知此種昆蟲的棲地中，有依賴視覺捕食的天敵。假設此棲地中的昆蟲分別由表（三）中的甲、乙、丙及丁四組不同基因型的親代繁殖，若表中各組都產生很多子代且數目幾乎相同，則當此棲地環境變化使深色昆蟲易被天敵捕食時，下列哪一組所繁殖的子代被捕食之數量可能會最多？

表（三）

組別	親代基因型
甲	tt × tt
乙	tt × Tt
丙	Tt × Tt
丁	Tt × TT

(A) 甲　　　　(B) 乙　　　　(C) 丙　　　　(D) 丁

18. 如圖（八）所示，甲、乙、丙、丁四個天平，其上各自擺放不同的重物，重物擺放前後天平皆保持水平平衡。若不改變四個天平的秤盤吊掛位置，僅將天平上的重物各自左右互換，則互換後哪一個天平會向右端傾斜？

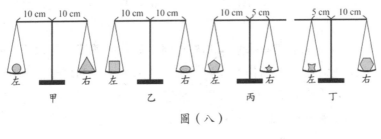

圖（八）

(A) 甲　　　　(B) 乙　　　　(C) 丙　　　　(D) 丁

19. 當人體呼吸系統內氣體由肺泡往支氣管、氣管移動，此時進行呼吸運動的相關構造之變化，下列何者最合理？
    (A) 肺漸變大
    (B) 橫膈上升
    (C) 胸腔變大
    (D) 肋骨上舉

20. 早期<u>臺灣</u>西南沿海盛行晒鹽產業，而西南沿海冬季能晒鹽，主要是因該季節為當地乾季。關於此地區冬季時，季風種類與地形迎風面的關係，下列推論何者最合理？
    (A) 冬季時此地區為東北季風迎風面
    (B) 冬季時此地區為西南季風迎風面
    (C) 冬季時此地區為東北季風背風面
    (D) 冬季時此地區為西南季風背風面

21. <u>小茹</u>想在夏季時去艷陽高照的地點旅行7天，查詢了四個地點在這段時間內的平均白天長度，結果如表（四）所示。已知在這7天內陽光正好會直射其中一處，則最有可能是下列何處？

    表（四）

地點	緯度	平均白天長度
甲	北緯 40 度	約 15 小時
乙	北緯 23.5 度	約 13.5 小時
丙	北緯 0 度	約 12 小時
丁	南緯 23.5 度	約 10.5 小時

    (A) 甲　　　　(B) 乙　　　　(C) 丙　　　　(D) 丁

22. 已知仙人掌有針狀葉及肥厚可儲水的莖，並可開花結果。根據上述說明，有關仙人掌的分類及其依據，下列何者最合理？
    (A) 屬於裸子植物，因具有果實
    (B) 屬於裸子植物，因具有針狀葉
    (C) 屬於被子植物，因具有花的構造
    (D) 屬於被子植物，因具有特殊功能的莖

23. 圖（九）為某地區的地表構造特徵示意圖，圖中甲位於中洋脊
上，乙位於海溝上，丙位於一陸地的山脈上，且此山脈有火山
活動。若將甲、乙、丙三地連線
的地下構造，繪製成此地區的板
塊構造剖面示意圖，並以箭頭表
示板塊運動方向，則下列何者最
合理？

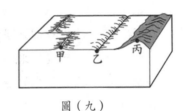

圖（九）

(A)

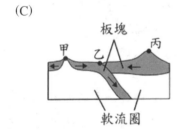

(B)

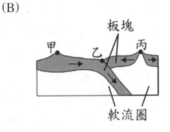

(C)

(D)

24. 某種可重複使用的熱敷袋，其內含有醋酸鈉水溶液和金屬片，
使用方法的示意圖如圖（十）所示。

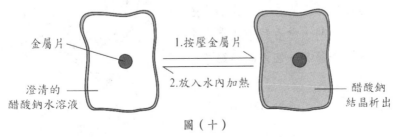

圖（十）

使用步驟：

1. 使用前按壓金屬片，引發醋酸鈉結晶析出並產生熱，用來熱敷。

2. 熱敷後，將已冷卻且因析出結晶而變硬的熱敷袋，放入水內加熱，即可回復原來的澄清狀態。可依此步驟重複再使用。

關於上述步驟 2 發生的變化，以及醋酸鈉的溶解度說明，下列何者正確？

(A) 步驟 2 為吸熱的變化，溫度升高溶解度會增加

(B) 步驟 2 為吸熱的變化，溫度升高溶解度會減少

(C) 步驟 2 為放熱的變化，溫度升高溶解度會增加

(D) 步驟 2 為放熱的變化，溫度升高溶解度會減少

25. 人們對榴槤的特殊氣味會有不同感受，有些人覺得香，有些人覺得臭，而不同感受主要是由下列哪一部位所產生？

(A) 鼻子　　　　　　　　(B) 腦幹

(C) 大腦　　　　　　　　(D) 小腦

26. 在某科學館中，有一座大型機器，其俯視示意圖如圖（十一）所示，當它運轉時可使搭乘者作逆時鐘的水平等速率圓周運動。小尚手中握球搭乘此機器經過 P 點的瞬間，鬆手使小球由高處自由落下，則此時靜止站在機器旁的爸爸，在小球落下的瞬間，會看到小球在水平方向沿著哪一個方向運動？

(A) 東　　　　　(B) 南

(C) 西　　　　　(D) 北

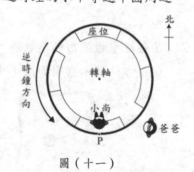

圖（十一）

27. 部分市售的防蚊產品以「敵避」為主要成分，「敵避」分子式為 $C_{12}H_{17}NO$，熔點為 $-45℃$，沸點為 $290℃$，是一種具有驅蚊功效的物質。在常溫常壓下，「敵避」應屬於下列何種物質？
(A) 液體聚合物　　　　　(B) 液體化合物
(C) 固體聚合物　　　　　(D) 固體化合物

28. 液態 N_2O_4 與 N_2H_4 是火箭常使用的燃料，這二種物質混合並於適當條件下反應，可產生 N_2、H_2O 及大量熱能，而得以推動火箭順利升空。上述反應中，關於 N_2O_4 的敘述，下列何者正確？
(A) 因進行氧化反應，所以為氧化劑
(B) 因進行氧化反應，所以為還原劑
(C) 因進行還原反應，所以為氧化劑
(D) 因進行還原反應，所以為還原劑

29. 圖（十二）為某日北半球的日本周邊地面天氣簡圖，圖中黑色曲線為等壓線，已知此時日本天氣主要受到日本海上方的天氣系統甲影響，且當天東京的地面風向受到天氣系統甲的影響以偏南風為主。若不考慮地形的影響，下列有關此天氣系統甲與當天秋田主要地面風向的敘述何者正確？
(A) 甲為低氣壓，風向以東南風為主
(B) 甲為低氣壓，風向以東北風為主
(C) 甲為高氣壓，風向以西北風為主
(D) 甲為高氣壓，風向以西南風為主

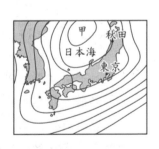

圖（十二）

30. 某新聞網站的記者在地震過後取得的地震資訊與等震度分布情形如圖（十三）所示。若他想在網站刊登地震快報與相關資訊，下列是他構想的四個標題，何者最不符合圖中的資訊？

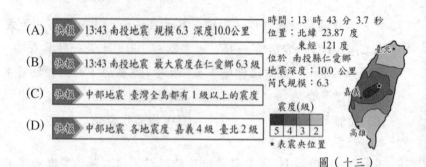

圖（十三）

31. 導體甲、乙、丙分別連接成三個電路裝置，如圖（十四）所示。三個導體均由相同的材質組成，導體甲的長度為 L cm，截面積為 A cm²；導體乙的長度為 2L cm，截面積為 A cm²；導體丙的長度為 L cm，截面積為 2A cm²。若電路中導線及安培計的電阻、電池內電阻忽略不計，導體甲、乙、丙所連接的電路裝置中，流經三導體的電流值分別為 $I_甲$、$I_乙$、$I_丙$，其大小關係為下列何者？

(A) $I_甲 > I_乙 > I_丙$

(B) $I_乙 > I_甲 > I_丙$

(C) $I_丙 > I_甲 > I_乙$

(D) $I_丙 > I_乙 > I_甲$

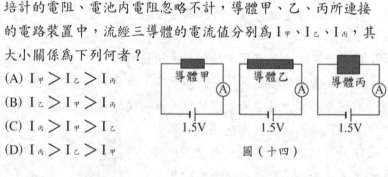

圖（十四）

32. 小鼠性別決定機制與人類相同，但視覺僅能看見黃、藍和灰色。若將人類感光色素基因成功轉殖至許多小鼠受精卵的 X 染色體之特定位置，則由此發育的小鼠可分辨紅綠燈的顏色，關於上述成功轉殖的這群小鼠，下列推論何者最合理？

(A) 屬於親代行無性生殖所產生的子代

(B) 若為雄性則其所產生的精子皆具此基因

(C) 全身的體細胞皆具有人類感光色素基因

(D) 互相繁殖出的下一子代皆無法分辨紅綠色

33. 圖（十五）是地球大氣溫度隨高度變化圖，若在圖中某高度
時，氣溫為 40℃，氣壓為 X 百帕；
在高度 60 公里處時，氣溫為 T，氣
壓為 Y 百帕。下列有關 X 與 Y 以及
T 與 40℃ 的比較關係何者正確？
(A) $X > Y$，$T > 40℃$
(B) $X > Y$，$T < 40℃$
(C) $X < Y$，$T > 40℃$
(D) $X < Y$，$T < 40℃$

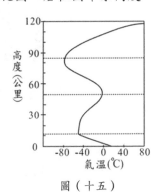

圖（十五）

34. 某處化學藥品倉庫發生爆炸，網路上出現很多目擊者拍攝的影
片，其中一位目擊者當時拍攝的位置距離爆炸位置約 1.5 km，
則有關此目擊者所拍攝的影片，下列描述何者最合理？
(A) 影片中聽到爆炸聲後約經過 4 ～ 5 秒才看到此爆炸的爆炸
火光
(B) 影片中看到爆炸火光後約經過 4 ～ 5 秒才聽到此爆炸的爆
炸聲
(C) 影片中聽到爆炸聲後約經過 0.04 ～ 0.05 秒才看到此爆炸
的爆炸火光
(D) 影片中看到爆炸火光後約經過 0.04 ～ 0.05 秒才聽到此爆
炸的爆炸聲

35. 圖（十六）分別為電解硫酸銅水溶液以及鋅銅電池的兩組實驗
裝置示意圖，反應開始前，四支電極的質量都相同。反應經過
一段時間後，取下四支電極烘乾後分別秤重，得知四支電極質
量大小的關係為：碳棒甲 ＞ 電極丙 ＞ 碳棒乙 ＞ 電極丁。在
上述反應中，哪兩支電極進行氧化反應？

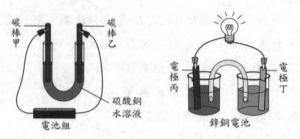

圖（十六）

(A) 碳棒甲和電極丙　　　　(B) 碳棒甲和電極丁
(C) 碳棒乙和電極丙　　　　(D) 碳棒乙和電極丁

36. 取相同莫耳數的丙酮（CH_3COCH_3）、丙烷（C_3H_8）分別與氧氣反應，未平衡係數的反應式如下：

$$CH_3COCH_3 + O_2 \longrightarrow CO_2 + H_2O$$
$$C_3H_8 + O_2 \longrightarrow CO_2 + H_2O$$

若丙酮和丙烷皆完全燃燒，則上述兩種反應的氧氣消耗量和水生成量之關係，應為下列何者？

(A) 氧氣消耗量：丙酮＜丙烷；水生成量：丙酮＜丙烷
(B) 氧氣消耗量：丙酮＜丙烷；水生成量：丙酮＞丙烷
(C) 氧氣消耗量：丙酮＞丙烷；水生成量：丙酮＜丙烷
(D) 氧氣消耗量：丙酮＞丙烷；水生成量：丙酮＞丙烷

37. 圖（十七）是人體心臟及其所連接的血管之示意圖，甲、乙為心臟右邊的腔室，丙、丁為心臟左邊的腔室。腦細胞的代謝廢物進入血液循環後，會最先到達圖中的哪一腔室？

(A) 甲　　　　(B) 乙
(C) 丙　　　　(D) 丁

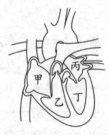

圖（十七）

38. 雜誌上的一篇報導如下：「海水因二氧化碳等非金屬氧化物的
<u>　　　　　　　　　　　　　　　　　　　　　　　　　　　　</u>
（一）
增加而酸化，嚴重影響珊瑚和其他分泌碳酸鈣的海洋生物生
<u>　　　　　</u>
存。因海水氫離子的濃度增加，這些海洋生物的碳酸鈣外殼可
<u>　　　　　　　　　　　　　　　　　　　　　　　　　　</u>
（二）
能會遭到分解。」關於此報導畫底線處內容的判斷與解釋，下
<u>　　　　</u>
列何者正確？

(A) 第（一）句合理，因為這些氧化物溶於海水中會使海水
　　 pH 值增加

(B) 第（一）句不合理，因為這些氧化物溶於海水中會使海水
　　 pH 值下降

(C) 第（二）句合理，因為這些海洋生物的碳酸鈣外殼會與氫
　　 離子反應

(D) 第（二）句不合理，因為這些海洋生物的碳酸鈣外殼不會
　　 與氫離子反應

39. 在水平桌面上，放置一個從左至右，管口口徑依序變大的盛水
連通管。今在三管管口上各放置與管口口徑相同的甲、乙、丙
三活塞，活塞與管壁、水面完全密合且可以在管壁上自由滑
動，忽略活塞與管壁間的摩擦力，當三活塞達到靜止平衡時，
三管內的水面齊高，如圖（十八）所示，則關於活塞甲、乙、
丙的重量大小關係，下列何者
正確？

(A) 甲＝乙＝丙

(B) 乙＞甲＝丙

(C) 甲＞乙＞丙

(D) 丙＞乙＞甲

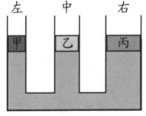

圖（十八）

40. 圖（十九）為某生態系中氮循環的部分過程，甲、乙分別代表
微生物吸收、釋出含氮物質的作
用，丙、丁代表在生物間轉換的
含氮物質，關於甲～丁的推論，
下列何者最合理？

(A) 甲：呼吸作用
(B) 乙：光合作用
(C) 丙：葡萄糖
(D) 丁：蛋白質

圖（十九）

41. 圖（二十）為維管束植物體內物質流向的示意圖，甲為維管束
內運輸物質的管道，乙為此種管道內主要的運送物質，箭頭表
示乙物質在不同時間點於管道內可能的
流動方向。下列有關甲和乙的敘述，何
者最合理？

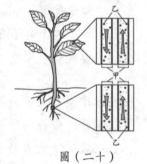

(A) 甲位在木質部，乙為醣類
(B) 甲位在韌皮部，乙為醣類
(C) 甲位在木質部，乙為礦物質
(D) 甲位在韌皮部，乙為礦物質

圖（二十）

42. 小玉利用排水法測量一個塑膠球的體積，在過程中她發現塑膠
球會浮在水面上，所以將實驗步驟做了一些調整。她進行的所
有步驟如下：
一、取適當大小的量筒，在量筒中裝入水，記錄水面位置刻
度 X_1 mL。
二、將塑膠球放入量筒中，待水面靜止後，記錄水面位置刻
度 X_2 mL。

三、 以細繩的兩端分別綁住塑膠球及金屬球，將兩者放入量筒中，待兩者完全沉入水面下，且水面靜止後，記錄水面位置刻度 X_3 mL。

四、 解開綁住塑膠球的細繩，將塑膠球取出量筒，細繩及金屬球放入量筒中，待其完全沉入水面下，且水面靜止後，記錄水面位置刻度 X_4 mL。

已知在實驗步驟二、三、四中，未放入塑膠球或金屬球時，量筒內水面位置刻度均為 X_1 mL，則塑膠球的體積應為多少？

(A) $(X_3 - X_4)\ cm^3$
(B) $(X_4 - X_2)\ cm^3$
(C) $(X_3 - X_4 - X_1)\ cm^3$
(D) $(X_4 - X_2 - X_1)\ cm^3$

43. 小華畫了一張電流的磁效應實驗示意圖，如圖（二十一）所示，圖中磁針放置於導線的上方，磁針黑色部分為 N 極，所指方向為磁場方向。老師發現此示意圖並不合理，則下列哪一個修改方式的示意圖最為合理？

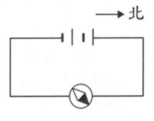

圖（二十一）

(A)

指針方向改為
偏向東南方

(B)

指針方向改為
偏向西南方

(C)

磁針改為置
於導線下方

(D)

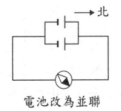

電池改為並聯

44. 一個均勻的正立方體木塊，其密度為 0.5 g/cm³，且任一面的面積皆為 A cm²，將此木塊置於密度為 1.0 g/cm³ 的純水中，待平衡後，木塊底部距離水面的深度為 h cm，如圖（二十二）所示。再於木塊上方正中央處放置一個質量為 300 g 的砝碼，平衡後木塊底部距離水面的深度變為（h＋3）cm，且木塊底面與水面仍保持平行，則此木塊任一面的面積 A cm² 應為多少？

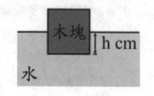

圖（二十二）

(A) 100 cm²　　(B) 150 cm²　　(C) 200 cm²　　(D) 600 cm²

45. 已知利用相同茶樹的葉片但不同的製作過程，可得綠茶及紅茶。茶葉中所含的酵素 X 在超過 70℃ 後，就無法再有催化能力。圖（二十三）為製作綠茶及紅茶時的四個步驟（依序由步驟 I → II → III → IV）及其溫度調控示意圖，比較四個步驟中綠茶及紅茶的酵素 X 之活性，下列何者最合理？

(A) 步驟 I 結束時：
　　綠茶＞紅茶

(B) 步驟 II 結束時：
　　綠茶＝紅茶

(C) 步驟 III 結束時：
　　綠茶＜紅茶

(D) 步驟 IV 結束時：綠茶＝紅茶　　圖（二十三）

46. 甲、乙、丙、丁四個木塊的質量均為 2 kg，分別置於不同的水平桌面上，並對木塊施以兩個方向相反的水平力，圖（二十四）為四個木塊的受力情形及其運動狀態，則此時哪一個木塊所受合力大小為 1 N？

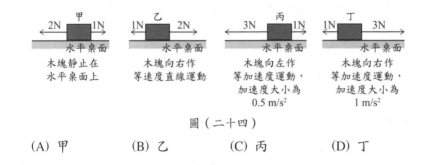

圖（二十四）

(A) 甲　　　　(B) 乙　　　　(C) 丙　　　　(D) 丁

請閱讀下列敘述後，回答 47～48 題

太陽能是一種再生能源，其中一種太陽能發電方式是使用如圖（二十五）所示的拋物面碟式收集器來收集太陽能。圖中的反射器可使太陽光會聚於接收器，加熱流經接收器內部的物質，進而達到發電的目的。

圖（二十六）為接收器內部構造的示意圖，其內部為一個不鏽鋼管，外罩一個玻璃外殼，玻璃外殼與不鏽鋼管之間為真空部分，真空部分可有效的減少熱量的損失與管壁的氧化。

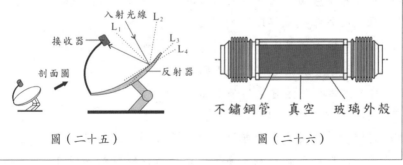

圖（二十五）　　　　　　　　圖（二十六）

47. 圖（二十五）中的入射光線經反射器反射後照射於接收器上，則此時法線應為圖上的哪一條虛線？

(A) L_1　　　　(B) L_2　　　　(C) L_3　　　　(D) L_4

48. 接收器的玻璃外殼與不鏽鋼管間的設計，主要是減少熱量以下列哪幾種方式散失？
    (A) 傳導、對流
    (B) 對流、輻射
    (C) 傳導、輻射
    (D) 傳導、對流、輻射

請閱讀下列敘述後，回答 49～50 題

阿振與阿榮兩兄弟分別出國旅行，某日阿振在埃及旅行時走到了東經 31.5 度，北緯 25 度的某處，與臺北（東經 121.5 度，北緯 25 度）的經度正好相差 90 度；而同一時間的阿榮則位於大西洋上西經 58.5 度，北緯 25 度的某處，與臺北的經度正好相差 180 度，如圖（二十七）所示，兩兄弟相約拍下當天月亮的照片。

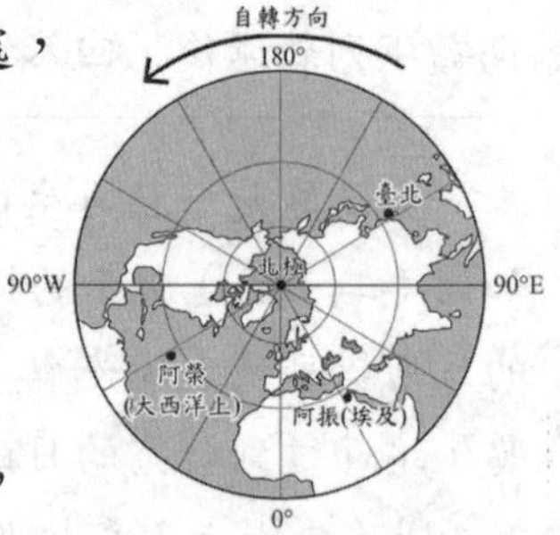

圖（二十七）

49. 若此時臺北當天所見的月相是滿月，則同一天內阿振與阿榮所在地的月相應最接近下列何者？
    (A) 阿振：新月；阿榮：新月
    (B) 阿振：滿月；阿榮：滿月
    (C) 阿振：上弦月；阿榮：新月
    (D) 阿振：下弦月；阿榮：新月

50. 若阿振看到月亮剛升起時，拍照後立刻透過網路分享給阿榮，則此時阿榮所在地的月亮方位與運行狀態應為下列何者？
    (A) 接近頭頂上方附近，月亮升起已久
    (B) 位於東方地平面上，月亮也剛升起
    (C) 位於西方地平面上，月亮正要落下
    (D) 位於東方地平面下，月亮尚未升起

請閱讀下列敘述後，回答 51～52 題

　　黑熊分布的數量會因棲地的條件而有差異，研究發現黑熊秋冬季時會大量覓食櫟樹的果實。表（五）為某月分甲、乙、丙三個不同山區內櫟樹和黑熊的調查數量，以及櫟樹的果實結果量。在調查過程中，研究員收集黑熊的糞便，利用脫落在糞便中的腸壁細胞來分析細胞內的遺傳物質，以鑑定黑熊的性別及記錄數量。

表（五）

山區	櫟樹		黑熊	
	植株	果實結實量	雌性	雄性
甲	約 250 棵	大量果實	8 隻	3 隻
乙	約 300 棵	果實稀少	2 隻	1 隻
丙	約 250 棵	大量果實	3 隻	8 隻

51. 根據本文，關於甲、乙、丙三區黑熊分布的推論，下列何者最合理？
　　(A) 櫟樹的棵數越多，黑熊的數量就較多
　　(B) 櫟樹的棵數會影響雌、雄黑熊所占的比例
　　(C) 櫟樹果實的結果量越多，黑熊的數量就較多
　　(D) 櫟樹的果實結果量會影響雌、雄黑熊所占的比例

52. 已知黑熊性別決定的機制和人類相同，根據本文，研究員主要是利用下列何者的遺傳物質鑑定黑熊的性別？
　　(A) 體細胞的體染色體　　　　(B) 體細胞的性染色體
　　(C) 生殖細胞的體染色體　　　(D) 生殖細胞的性染色體

請閱讀下列敘述後，回答 53～ 54 題

> 　　小葵查詢相關資料後，知道要配製某種濃度的 NaOH 水溶液 100 mL，需加入 NaOH 16.0 g，圖（二十八）的步驟一至步驟四爲她在室溫下進行此濃度溶液配製，以及溶液密度測量的步驟示意圖。步驟四完成後，經老師提醒，才知道燒杯上的刻度標示僅爲參考之用，誤差較大，所以小葵待溶液溫度回到室溫後，再以量筒測量溶液的總體積如步驟五所示。
>
>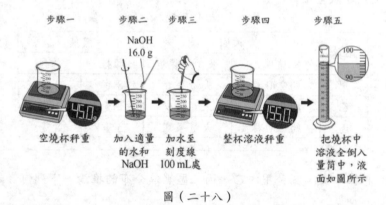
>
> 圖（二十八）
>
> 　　依測量的結果可知，用此方法和器材配製溶液確實會有較大的誤差，應改用容量瓶等器材來配製溶液。

53. 小葵原本想配製的溶液體積莫耳濃度，以及實際配製出的濃度依序爲何？（H、O 和 Na 的原子量分別爲 1、16 和 23）
    (A) 0.4 M、小於 0.4 M
    (B) 0.4 M、大於 0.4 M
    (C) 4.0 M、小於 4.0 M
    (D) 4.0 M、大於 4.0 M

54. 小葵實際配製出的溶液密度最接近下列何者？
    (A) 0.86 g/cm³
    (B) 1.10 g/cm³
    (C) 1.16 g/cm³
    (D) 1.22 g/cm³

108年國中教育會考自然科試題詳解

1. **D**

　　【解析】 削成碎片可有效使鎂塊與氧氣的接觸面積增加，
　　　　　　以提高反應速率。

2. **B**

　　【解析】 氯化鈣＋碳酸鈉 → 氯化鈉＋碳酸鈣↓
　　　　　　將沉澱濾掉後，濾液即為氯化鈉水溶液，屬於電
　　　　　　解質中的鹽類，溶於水後可導電。

3. **C**

　　【解析】 (A) 當天的降雨機率與時間有關，並非均為 25%。
　　　　　　(B) 降雨機率預測無法正確推算下雨的時數。
　　　　　　(C) 由表格可推知，在午後 12 點後一直到傍晚的
　　　　　　　　降雨機率偏高，故正確。
　　　　　　(D) 表格中看不出氣溫條件，無法得知溫度是否
　　　　　　　　有大幅下降。

4. **D**

　　【解析】 動、植物細胞浸泡在蒸餾水中，由於濃度因素，
　　　　　　細胞膜都會滲進水分使細胞膨脹，然而植物細胞
　　　　　　因有細胞壁在外側，使細胞雖有膨脹，但不致破
　　　　　　裂。

5. **A**

　　【解析】 光合作用可簡化寫作：

二氧化碳 + 水 → 葡萄糖 + 氧氣 + 水

(A) 氧氣產量多寡，可直接代表反應快慢，正確。

(B) 葉綠素是光合作用的場所，不會有所消耗。

(C) 葡萄糖爲產物，不會消耗。

(D) 二氧化碳爲反應物，不會生成。

6. **B**

【解析】 「某株植物的部分組織」可知爲組織培養，並且是無性生殖。會經由細胞分裂產生新植株，子代與親代完全相同。

7. **A**

【解析】 步行與開車兩種路線的起點和終點相同，因此 (A) 位移相同；但路徑長與所花時間不同，因此 (B) 路徑長、(C) 平均速度和 (D) 平均速率不同。

8. **B**

【解析】 虎克定律定義：彈簧所受外力與伸長量成正比，因此，$W_1 : W_2 = 1 : 2$。

9. **A**

【解析】 (A) 原子序 = 質子數。當質子數 = 電子數，則爲電中性，由此可知甲、丙爲電中性。

(B) 原子序不同，爲不同原子。

(C) 乙的電子數比原子序多 1，因此乙帶 -1；丁的原子序比電子數多 2，因此丁帶 $+2$。

(D) 甲爲電中性，質子數 = 電子數。

10. **A**

【解析】　氧氣有助燃性，點燃的線香會與其發生化學反應。
氧氣佔空氣約 20.9%。

11. **B**

【解析】　越接近下游，河流的搬運作用越久，而所造成的
石頭外型也就越光滑。

12. **A**

【解析】　題目只提及道路每天會因為海水的漲落而露出或
是淹沒，所以我們只能得知與潮汐有關，而無法
判定大小潮或是月相，也無從得知潮汐時間。

13. **B**

【解析】　靜電感應時，近端會產生異性電荷，遠端會產生
同性電荷，而吸引力會大於排斥力，所以金屬球
會往左邊偏。

14. **D**

【解析】　TiO_2 和 ZnO 為無機化合物，$C_{15}H_{22}O_3$ 和 $C_{18}H_{26}O_3$
為有機化合物。

15. **D**

【解析】　鈍氣又稱為惰性氣體或高貴氣體，為週期表中最
右邊的一族元素。

16. **B**

【解析】　由層狀構造（層理），可知此岩層為沉積岩，刪去

(A)。由岩層中含有海洋生物化石，可推知當初環境爲海洋，刪去 (C)。岩層傾斜多爲內營力作用，刪去 (D)。

17. **D**

【解析】 已知深色爲顯性，且題幹敘述深色易被捕食，此題即問哪個組合深色的子代最多。

甲：全爲隱性，乙：顯：隱＝1：1，

丙：顯：隱＝1：1，丁：全爲顯性。

18. **D**

【解析】 力矩＝力×力臂。甲乙互換後天平不變，丙向左傾斜，丁向右傾斜。

19. **B**

【解析】 吸氣過程：肋骨向上，橫膈向下，使胸腔容積變大壓力變小，以利氣體進入。

呼氣過程：肋骨向下，橫膈向上，使胸腔容積變小壓力變大，以利氣體排出。

20. **C**

【解析】 冬季台灣盛行東北季風，西南部是東南季風的背風側，因此爲乾季。

21. **B**

【解析】 題幹已給予要點「夏季時去艷陽高照的地點」，表示太陽此時直射北回歸線（北緯 2.35 度），同時日照時間會較長（白天長度較長）。

22. **C**

　　【解析】　已知仙人掌可開花結果，表示其爲被子植物，因
　　　　　　　只有被子植物可開花結果。

23. **C**

　　【解析】　甲爲中洋脊，必定位於張裂帶上；乙爲海溝，位
　　　　　　　於聚合帶發生；丙爲山脈，因擠壓作用產生。

24. **A**

　　【解析】　步驟 2 放入熱水內的主要目的爲提供水溶液熱
　　　　　　　量，對於水溶液而言爲吸熱反應，同時觀察到結
　　　　　　　晶消失，表示其溫度升高時溶解度增加。

25. **C**

　　【解析】　對於味道的認知是由大腦所判定，可由此得知此
　　　　　　　感知是由大腦所產生。

26. **A**

　　【解析】　進行圓周運動的物體若一瞬間失去向心力，則在
　　　　　　　那一瞬間物體就會沿著圓周運動的切線方向移
　　　　　　　動。

27. **B**

　　【解析】　敵避的熔點（－45℃）與沸點 290℃，當常溫
　　　　　　　25℃ 時，敵避應爲液態。一個敵避分子含有 31
　　　　　　　個原子，而聚合物通常含有數千到數十萬個原
　　　　　　　子，所以敵避屬化合物。

28. **C**

【解析】 N_2O_4、N_2H_4 在反應後產生 N_2、H_2O 表示為還原反應；N_2O_4 失去 O，被還原，屬氧化劑。

29. **A**

【解析】 從東京的地面風向為偏南風可知，系統甲近地面空氣為逆時鐘流入，同時系統甲為低氣壓，秋田的風向偏南風。

30. **B**

【解析】 (B) 最大震度為 5 級，6.3 為地震規模。

31. **C**

【解析】 同截面積但不同長度之導體，較長者電阻值較高，延長導體相當於多組電阻串聯；同長度但不同截面積之導體，截面積較小者電阻值較高，增大截面積相當於多組電阻並聯。

32. **C**

【解析】 小鼠受精卵為有性生殖子代。

精子染色體為單套，只具有 X 染色體或 Y 染色體其中之一，未必攜帶位於 X 染色體之基因。

承上，體細胞染色體為雙套，均具有 X 染色體，故皆具有該轉殖基因。

成功轉殖的 X 染色體基因可遺傳給子代，故下一子代可分辨紅綠色。

33. **D**

【解析】 依圖表，氣溫 40℃ 只能對應高度約 110 公里處；高度 60 公里處對應氣溫 T 約 −20℃。又因大氣壓

力隨高度升高而遞減，故 110 公里處壓力 X 百帕
應小於 60 公里處壓力 Y 百帕。

34. **B**

【解析】　爆炸時同時放出火光及爆炸聲，光及聲音傳播 1.5
公里後被目擊者拍攝到。
空氣中光速大約每秒 30 萬公里，傳播 1.5 公里的
時間約 0.05 秒。
空氣中音速公式 331.6 + 0.6 T(m/s)，常溫下約每
秒 346.6 公尺，傳播 1.5 公里時間約 4.32 秒。

35. **D**

【解析】　電池及電解中，參與還原反應之電極有金屬離子
還原成金屬附著而較重。
參與氧化反應之金屬電極形成金屬離子而質量減
少。
碳棒爲惰性電極不參與反應，但還原端一樣受附
著變重，氧化端改爲水電解而產生氧氣。所以依
題意，較重的碳棒甲、電極丙進行還原反應，碳
棒乙、電極丁進行氧化反應。

36. **A**

【解析】　反應式平衡如下：
$CH_3COCH_3 + 4O_2 \rightarrow 3CO_2 + 3H_2O$
$C_3H_8 + 5O_2 \rightarrow 3CO_2 + 4H_2O$
由上述反應式可知，丙酮、氧氣、水的莫耳數比
爲 1：4：3；丙烷、氧氣、水的莫耳數比爲 1：5：
4，故丙烷燃燒的氧氣消耗量與水的生成量皆大於
丙酮。

37. **A**

【解析】 圖中，甲：右心房、乙：右心室、丙：左心房、丁：左心室，腦細胞代謝廢物會進入體循環，經上大靜脈回到右心房。

38. **C**

【解析】 文中，第一句合理，因非金屬氧化物溶於水爲酸性，氫離子濃度增加，PH 值下降；第二句合理，因碳酸鈣外殼會與氫離子作用產生二氧化碳，故而溶解。

39. **D**

【解析】 根據帕斯卡原理可知，$\dfrac{F_甲}{A_甲}=\dfrac{F_乙}{A_乙}=\dfrac{F_丙}{A_丙}$，由圖可知

$A_丙 > A_乙 > A_甲$，所以 $F_丙 > F_乙 > F_甲$，又因三活塞爲靜止狀態，故物體重量 = 水對活塞之作用力，因此 $W_丙 > W_乙 > W_甲$。

40. **D**

【解析】 圖中，甲是微生物將氮氣轉換成植物可利用之形式，稱固氮作用；乙是微生物將生物排泄物或遺體分解後，使氮氣回到大氣中，稱分解作用；丙爲含氮物質，但葡萄糖不是。

41. **B**

【解析】 乙物質可向上運輸，亦可向下運輸，因此乙物質可推測爲有機養份，是由韌皮部所運輸。

42. **A**

【解析】　$X_3 = （塑膠球 + 金屬球 + 細繩 + 水）的體積，$
　　　　　$X_4 = （金屬球 + 細繩 + 水）的體積，$
　　　　　塑膠球的體積 $= X_3 - X_4$。

43. **C**

【解析】　(A) (B) (D) 若磁針置於導線上方，磁針 N 極會向
　　　　　西方偏轉，若磁針置於導線下方，磁針 N 極會向
　　　　　東方偏轉。

44. **A**

【解析】　放置砝碼後，浮力比原來多了 300 gw，為木塊
　　　　　多下沉 3 cm 所提供的浮力，浮力 = 排開液重，
　　　　　$300 = (3 \times A) \times 1$，得 $A = 100 \ cm^2$。

45. **D**

【解析】　溫度只要超過 70℃，酵素 X 就無法再有催化能
　　　　　力，意即酵素 X 失去活性。
　　　　　(A) 紅茶之酵素有活性，故紅茶 > 綠茶。
　　　　　(B) 綠茶之酵素在步驟一中已無活性，但此時紅
　　　　　　　茶之酵素依然有活性。
　　　　　(C) 步驟三結束後，兩者酵素相同皆無活性。
　　　　　(D) 正確。

46. **C**

【解析】　甲：靜止不動，合力為零。
　　　　　乙：等速度直線運動，合力為零。
　　　　　丙：為等加速度運動，且加速度值為 $0.5 \ m/s^2$。

依照牛頓第二運動定律 F = ma，

F = 2 × 0.5 = 1 (N)

丁：丁之加速度為 1 m/s^2，依據 F = ma，

F = 2 × 1 = 2 (N)

47-48 為題組

47. **A**

【解析】 光於反射時，其入射角等於反射角，且法線位於兩角之間均分兩角。

48. **A**

【解析】 由題幹可知玻璃外殼與不銹鋼管間抽為真空，可視為兩者之間並無介質。由於熱之傳導與對流皆須有介質方能導熱，此二種導熱效率將大幅下降。

49-50 為題組

49. **B**

【解析】 同一天時，由於日地月間相對位置變化不大，因此三人所見月相相同（皆為滿月），不同之處為月亮升起時間。

50. **D**

【解析】 由題目圖示當由北極向下看時，地球為由東向西逆時針自轉。因此不論月或日之升降，皆由位於埃及之阿振先看到後，阿榮才會見到。當阿振看見月亮剛升起時，阿榮所在處月亮尚未升起，位於東方地平面下。

51-52 為題組

51. **C**

【解析】 表格判定數目多寡沒有影響黑熊數量，而是果實結果量影響黑熊數量。

52. **B**

【解析】 題組說明黑熊與人類相同，人類決定性別是看體細胞的性染色體。

53-54 為題組

53. **D**

【解析】 原本配置：$\dfrac{質量}{分子量} = \dfrac{16}{23+16+1} = 0.4$莫耳；

$\dfrac{莫耳}{體積（公升）} = \dfrac{0.4}{0.1} = 4$莫耳濃度

實際配置：$\dfrac{質量}{分子量} = \dfrac{16}{23+16+1} = 0.4$莫耳；

$\dfrac{莫耳}{體積（公升）} = \dfrac{0.4}{0.095} > 4$莫耳濃度

54. **C**

【解析】 密度 $= \dfrac{增加的質量}{體積} = \dfrac{155-45}{95} = 1.16$ g/cm^3。

108 年度國中教育會考
自然科公佈答案

題 號	答 案	題 號	答 案	題 號	答 案
1	D	19	B	37	A
2	B	20	C	38	C
3	C	21	B	39	D
4	D	22	C	40	D
5	A	23	C	41	B
6	B	24	A	42	A
7	A	25	C	43	C
8	B	26	A	44	A
9	A	27	B	45	D
10	A	28	C	46	C
11	B	29	A	47	A
12	A	30	B	48	A
13	B	31	C	49	B
14	D	32	C	50	D
15	D	33	D	51	C
16	B	34	B	52	B
17	D	35	D	53	D
18	D	36	A	54	C

108 年國中教育會考國文科試題

一、單題：(1～34題)

1. 「『饕餮』是一種古代怪獸，在生物圖鑑與動物園裡找不到，牠和蛟龍、鳳凰一樣，都是虛構的動物，□存在文化裡，□□活靈活現，□□有鮮明的圖樣形象，□繁殖出豐富的語意象徵。」根據文意脈絡，空格處依序填入下列何者最恰當？
   (A) 雖／竟然／除了／卻
   (B) 但／可是／僅僅／也
   (C) 乃／尚且／居然／與
   (D) 只／但卻／不只／還

2. 英國詩人赫巴德說：「彼此無所求的朋友，才可能是真正的朋友。」這句話的涵義與下列何者最接近？
   (A) 交往若帶有目的，就不是真正的友誼
   (B) 在朋友困難時伸出援手，才能得到回報
   (C) 想獲得朋友，須自己先成為值得結交的人
   (D) 人生有許多事不能獨自完成，可知友誼的重要

3. 一則符合報導原則的新聞，應避免記者個人主觀的推論與判斷。下列選項何者符合上述的報導原則？
   (A) 某卡通玩偶流行全臺，可見民眾都具有赤子之心
   (B) 所有砂石車司機都是惡意的肇事者，政府應嚴加取締
   (C) 某民代選前造勢晚會，聚集數萬群眾，聲勢浩大，勝券在握
   (D) 醫生提出警告，這一波腸病毒可能導致孩童死亡，民眾須有所防範

4. 「常常我們只記得結果的不完美,卻忘記收穫滿滿的過程。就像吹泡泡,其實不需要太在意泡泡不免會破掉。」這句話的涵義與下列何者最接近?

(A) 真正完美的結果是不可期待的

(B) 無論過程或結果都應力求圓滿

(C) 過程中的收穫比結果是否完美重要

(D) 收穫滿滿的過程有助於結果的完美

5. 兩軍交戰時,有一種策略是「先轉移敵人目標,使他們疏於防範,然後乘其不意,攻其不備,取得勝利」。這種策略最適合用下列哪一個成語來形容?

(A) 拋磚引玉　　(B) 裡應外合　　(C) 趁火打劫　　(D) 聲東擊西

6. 「漢朝刺史巡視的要點有六:一看地方豪強是否恃強凌弱,二看郡守、公侯是否損公肥私,三看高官辦案是否草菅人命,四看官員是否任人唯親,五看高官子弟是否仗勢欺人,六看官員是否勾結地方豪強、牟取不法利益。」根據這段文字,漢朝刺史的職責最可能是下列何者?

(A) 訪察並薦舉優秀人才　　　(B) 宣揚朝廷政策與命令

(C) 反映地方民情與百姓需求　　(D) 督察各級高官與地方豪強

7. 下列詞語「」中的字,何者讀音正確?

(A) 春寒料「峭」:ㄑㄧㄠˋ　　(B) 「湛」藍天空:ㄔㄣˊ

(C) 一掃陰「霾」:ㄌㄧˊ　　　(D) 胼手「胝」足:ㄉㄧˇ

8. 「暇時引讀瑤篇,座前見水華木翠。夜裡趣摘章句,紙上有月白風清。」這段文字主要在描寫下列何種意趣?

(A) 跋涉山水，遍覽自然風光

(B) 閒暇遊逛園林，聆賞天籟之趣

(C) 開卷吟誦，書中自有雋雅美景

(D) 揮毫點染，筆下有無限清風明月

9. 下列文句的標點符號，何者使用最恰當？

(A) 小弟弟聰明伶俐，富有好奇心，什麼事都非要打破沙鍋問到底不可？

(B) 我不是跟你說過嗎？要得到好成績，不用功是不行的。為何你總是置若罔聞？

(C) 對於這項工作，一來，我沒有這份才能、再來，也沒有時間，只好敬謝不敏了。

(D) 文明的現代：戰爭仍然層出不窮，不禁令人懷疑——歷史是前進的，抑或倒退的。

10. 下列文句，何者詞語使用最恰當？

(A) 他的書法遒勁，力透紙背，真不愧為當代名家

(B) 強震過後餘震不斷，許多人宵衣旰食不敢入睡

(C) 飲食宜節制，不可吃軟不吃硬，以免消化不良

(D) 百貨公司週年慶總是萬頭攢動，令人捉襟見肘

11. 「文化其實體現在一個人如何對待這世間的態度。在一個文化厚實深沉的社會裡，人懂得尊重□□——他不苟且，因為不苟且所以有品味；人懂得尊重□□——他不霸道，因為不霸道所以有道德；人懂得尊重□□——他不掠奪，因為不掠奪所以有永續的智慧。」根據這段文字的內容，空格處依序應填入下列何者最恰當？

(A) 自己／別人／自然 　　(B) 別人／自己／自然

(C) 自己／自然／別人 　　(D) 別人／自然／自己

12. 「巴提族人群居在巴基斯坦北部最險惡的高山河谷，六百年前來自西藏。原先信奉的佛教在途中漸被拭去，取而代之的是嚴峻的伊斯蘭教什葉派，但仍保有原有的語言。他們體型瘦小、耐力驚人，具有生存在鮮有人造訪的高海拔地區的卓越能力，這些都不免讓人聯想起巴提族在東邊的遠親——尼泊爾的雪巴族。不過巴提人的其他特質，例如對外人的沉默懷疑以及毫不妥協的宗教信仰，則迥異於信奉佛教的雪巴人。」根據這段文句，下列何者最可能是巴提族和雪巴族都具有的特色？

(A) 信奉嚴峻的伊斯蘭教什葉派

(B) 住在巴基斯坦北部高山地區

(C) 對外人沉默懷疑、毫不妥協

(D) 體型瘦小，且有驚人的耐力

13. 下列文句，何者用字完全正確？

(A) 未來充滿變數，生活總是戰戰競競

(B) 能受到民眾愛載，全因為他的魅力

(C) 事情發展如此詭譎，讓人忐忑不安

(D) 聽到這個噩號，令我不知如何是好

14. 有位作家曾說：「現代的年輕人都不會寫作，他們寫的小說千篇一律都是『兩個面貌模糊的人，在一個空曠的地方對話』。」根據這段文字，現代年輕人寫小說的缺點，不包含下列何者？

(A) 寫作手法過於單調 　　(B) 均以第一人稱的觀點表述

(C) 小說人物缺乏性格及特色

(D) 欠缺場景的描繪與氣氛的營造

15. 「我向默默耕耘者學習等待，也向堅持不懈者學習勇敢；我從高傲的人身上學會了彎腰，也從奢靡的人身上學到了簡樸。」這段文句最能呼應《論語》中的哪一段話？
    (A) 學而時習之，不亦說乎
    (B) 人之過也，各於其黨。觀過，斯知仁矣
    (C) 三人行，必有我師焉。擇其善者而從之，其不善者而改之
    (D) 君子不重則不威，學則不固。主忠信。無友不如己者。過則勿憚改

16. 下列文句，何者有冗言贅字？
    (A) 他向來喜歡在政論節目裡高談闊論
    (B) 張伯伯樂善好施，在鄉里間傳爲美談
    (C) 小陳擅長能言善道，常幫朋友排解糾紛
    (D) 證據顯示，他是這件縱火案的頭號嫌疑犯

17. 「若不撇開終是苦，各能捺住即成名。」關於這副對聯，下列說明何者正確？
    (A) 上聯意謂人生苦短，應及時努力
    (B) 下聯勉人要看破功名，隨遇而安
    (C) 上、下聯的末字刻意不合平仄，以擴展意境
    (D) 由「若」「苦」、「各」「名」的字形差異發想

18.
> 謹訂於中華民國九十九年六月六日（星期日）為
> 家嚴九秩晉二聖誕敬備桃樽　恭候
> 光臨
>
> 　　　　　　　　　　　　　　　王大中　謹稟
> 　　　　　　　席設：臺東市海神飯店海之霸廳
> 　　　　　　　時間：下午六時入席

關於這則請柬，下列敘述何者正確？

(A)「家嚴」應改為「令尊」　(B)「聖誕」應改為「壽誕」

(C)「桃樽」應改為「桃符」　(D)「謹稟」應改為「叩首」

19.「學書之法，初學分布，但求平正；既知平正，務追險絕；既能險絕，復歸平正。初謂未及，中則過之，後乃通會。」這段話的寫作用意，最可能是下列何者？

(A) 說明學習書法的不同階段與進境

(B) 強調練習書法時要有正確的心態

(C) 提醒常人不應追求艱難的書法技巧

(D) 指出書法的最高境界在於標新立異

20.

> 　　藍水溪是青水溪最大的支流，它有三條支流，最大支流瓦里蘭溪發源自初雲風景區，上、下游海拔落差達 1500 公尺，由東向西行，沿路形成乾坤峽谷等特殊景點，溪水來到日月鎮光明里，匯進藍水溪。另兩條支流皆發源於高土山北麓，在依蘇坪相匯。洛瑪颱風之後，沿瓦里蘭溪河谷，多處著名觀光景點被強大洪水更動了原貌，著名的乾坤峽谷也被沖毀變形。

右圖顯示藍水溪及其支流的位置。
根據上述文字，圖中甲～丁的標示
何者正確？

(A) 甲：初雲風景區

(B) 乙：高土山

(C) 丙：光明里

(D) 丁：依蘇坪

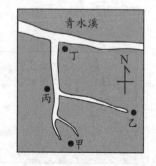

21. 下列選項「」中的字，何者字義前後相同？
　　(A) 人「微」言輕／出身寒「微」
　　(B) 洞「悉」真相／「悉」數帶回
　　(C) 茂林「修」竹／「修」築道路
　　(D) 探本「窮」源／一「窮」二白

22. 「諸葛武侯文采不豔，然其〈出師〉二表至今爲學者膾炙，有志之士擊節讀之，有至於嗟嘆流涕者。六朝、隋、唐文人動輒百數十篇，穠華纖巧，極其雕飾，或卒無一語可傳。然則文之爲文，豈必多且麗乎哉？」根據這段文字，下列何者最符合作者的觀點？
　　(A) 文章之優劣，取決於作者的學識修養與文采表現
　　(B) 寫作不宜過度雕章琢句，當以抒發情志、感動人心爲佳
　　(C) 六朝文人多投注心力於雕飾辭藻，以致作品質精而量少
　　(D) 諸葛武侯文采不豔，唯〈出師〉二表典麗華美，膾炙人口

23.
> 　　金陵城北有湖，名園勝境，掩映如畫。一日，諸臣待漏₁朝堂，語及林泉之事，坐間馮謐舉唐玄宗賜賀知章三百里鏡湖，曰：「予非敢望此，但賜後湖，亦暢予平生也。」吏部徐鉉怡聲而對曰：「主上尊賢待士，常恐不及，豈惜一後湖？所乏者知章爾。」馮大有慚色。

根據本文，下列敘述何者正確？
　　(A) 徐鉉覺得馮謐之才不及賀知章
　　(B) 徐鉉安慰馮謐他日終將獲得賞賜
　　(C) 徐鉉認爲三百里鏡湖應賞賜給馮謐
　　(D) 徐鉉暗示馮謐應知所進退、歸隱山林

📖
1. 待漏：古群臣聽漏刻入朝，後用以比喻將入朝時

24. 某古物專家在電視上介紹著:「這一件應該是<u>商</u>、<u>周</u>時代的文物,是一種三足、兩耳、刻有精細紋飾的青銅器。上面還有幾個字……。」根據描述,這個器物上的文字應該被稱為什麼?
    (A) 小篆　　　(B) 金文　　　(C) 隸書　　　(D) 甲骨文

25. 下列文句「」中的詞語,何者使用最恰當?
    (A) <u>小民</u>氣度雍容,「櫛風沐雨」的胸襟令人景仰
    (B) <u>小軍</u>老是搞不清狀況,「越俎代庖」管他人閒事
    (C) <u>玉山交響樂團</u>的演奏氣勢雄渾,聽者「肝腸寸斷」
    (D) <u>阿國</u>抱持「笨鳥先飛」的心態,見利總要搶得先機

26. 「宣紙有生熟之別,互有利弊,各隨所好而已。生紙易滲水墨,筆頭水分要控制得宜,於溼乾濃淡之間顯出揮灑的韻味。嘗見有人作畫,急欲獲致水墨滲渲的效果,不斷的以口吮毫,一幅畫成,舌面盡黑。工筆畫,正楷書,皆宜熟紙。不過亦不盡然,我看見過<u>徐青藤</u>花卉冊頁的複製品,看那淋漓的水渲墨暈,不像是熟紙。」根據這段文字,下列推論何者<u>錯誤</u>?
    (A) 寫正楷書的時候,不宜使水墨滲渲
    (B) 作者推測<u>徐青藤</u>可能是用生紙來畫花卉
    (C) 作者所見以口吮毫之人,應是在畫工筆畫
    (D) 在生宣紙上控制筆頭水分,要比在熟紙困難

27.
> 　　<u>趙簡子</u>問於<u>壯馳茲</u>曰:「東方之士孰爲愈」?」<u>壯馳茲</u>曰:「敢賀!」<u>簡子</u>曰:「未應吾問,何賀?」對曰:「臣聞之:國家將興也,君子自以爲不足;其亡也,若有餘。今子任<u>晉國</u>之政,而問及小人,又求賢人,吾是以賀。」

根據這段文字，趙簡子之所以得到壯馳茲的
祝賀，其原因最可能是下列何者？

> 📖
> 1. 愈：高明

(A) 取得晉國執政權　　　　(B) 能明辨小人與賢人

(C) 具備禮賢下士的態度　　(D) 已找到東方最好的謀士

28. 「君子不以口譽人，則民盡忠勸善。故君子問人之寒則衣之，
問人之飢則食之，稱人之美則爵¹之。」
由這段話可知，為政者對待人民的原則
應是下列何者？

> 📖
> 1. 爵：予以官位

(A) 循循善誘的教化　　　　(B) 公平公正的賞罰

(C) 無微不至的關懷　　　　(D) 具體實惠的行動

29. 「古之治天下，朝有進善之旌，誹謗之木，所以通治道而來諫
者。今法有誹謗妖言之罪，是使眾臣不敢盡情，而上無由聞過
失也。將何以來遠方之賢良？其除之。」文中「其除之」的
「之」字所代稱的對象為何？

(A) 進善之旌　　　　　　　(B) 誹謗之木

(C) 誹謗妖言之罪　　　　　(D) 遠方之賢良

30. 「素包子在宋朝是一大門類，因為佛教在宋朝已深入各階層，
社會流行吃素，故素包子很受歡迎。宋人不稱素包子叫素包
子，而是叫『酸餡兒饅頭』，簡稱『酸餡兒』。酸餡兒原指有
酸味的雪裡紅包子，由於賣得特別多，就稱素包子為酸餡兒饅
頭，如豆沙包子、芥菜包子都被宋人歸類到酸餡兒中。現代學
者校點宋人筆記和話本，老把酸餡兒寫成『餕餡兒』，並說餕
餡兒就是熟餡兒的意思，這都是不瞭解宋朝飲食所致。」根據
這段文字，下列敘述何者正確？

(A) 酸餡兒饅頭在宋朝時隨著佛教傳入中國

(B) 宋朝的豆沙包子和芥菜包子味道都是酸的

(C) 宋朝的素包子,以雪裡紅包子最受大眾歡迎

(D) 學者校書常因不小心而將「酸餡」寫成「餕餡」

31. 「少了《史記》,這個歷史會少掉多少故事?會少掉多少可歌可泣的人物?而那在韓信落魄時給他一碗飯吃的漂母,使我不敢小看在河邊漂洗衣服的無名女人。那和屈原對話的漁父,也使我相信捕魚人中有大智若愚的隱者。《史記》書寫了主流價值之外的另一種信仰。」根據這段文字,下列何者最符合作者對《史記》的看法?

(A) 呈現市井小民在歷史上的意義

(B) 描寫史事詳盡,考證鉅細靡遺

(C) 透過平凡人物襯托主角的不凡

(D) 顛覆大智若愚的傳統主流價值

32.

> 東坡云:「歐公喜古人『竹徑通幽處,禪房花木深』、『柳塘春水漫,花塢夕陽遲』,自言終身學不能到。此固佳句,特鳳凰一毛耳。公之才若垂天之雲,彼何足道?豈厭八珍乃喜螺蛤耶?」

根據這段文字,下列何者與東坡的看法最接近?

(A) 詩文創作應該力求質樸,不求精鍊

(B) 歐公謙沖為懷,其實才華洋溢,遠勝古人

(C) 前人「竹徑」、「柳塘」之句境界高雅,歐公不能及

(D) 由歐公喜「竹徑」、「柳塘」句可知,文人難免敝帚自珍

33. 「學不得法，猶願魚而無網，心雖勤而無獲；若得其要，猶順流馭舟，＿＿＿＿＿＿。」根據文意，畫線處填入下列何者最恰當？

(A) 心不知其所往　　　　(B) 氣不礙其暢達

(C) 意不盡而有餘　　　　(D) 體不勞而致遠

34.

> 　　據說盆景始於漢、唐，盛於兩宋。明朝吳縣人王鏊作《姑蘇志》有云：「虎丘人善於盆中植奇花異卉，盤松古梅，置之几案，清雅可愛，謂之盆景。」是姑蘇不僅擅園林之美，且以盆景之製作馳譽於一時。劉鑾《五石瓠》：「吾人以盆盎間樹石為玩，長者屈而短之，大者削而約之，或膚寸而結果實，或咫尺而蓄蟲魚，蓋稱盆景，元人謂之些子景。」些子大概是元人語，細小之意。

根據這段文字，下列敘述何者正確？

(A) 王鏊始創盆景，虎丘人稱美其作品清雅可愛

(B) 元朝人劉鑾稱盆景為些子景，取其細小之意

(C) 姑蘇人不擅營造園林之美，但以製作盆景馳名

(D) 古人多以屈長削大的方式製作盆景，求其精巧

二、題組：（35～48 題）

請閱讀以下短文，並回答 35～36 題：

> 　　小孩可愛，大多數寫小孩的文字都在歌頌他們，讚美童心純真無邪。寫的人的出發點大約和歌頌星光、鮮花、青春……一樣，愛的是這些東西表相的純美可喜，至於童心裡頭真有些什麼，說時恐怕未必想到。

　　其實，所有成人可能有的東西，小孩的小小心裡必也一應俱全。因此小孩也是可怖的，他們是所有不可知的未來的決定者，【甲】純美的表相下隱藏無窮或善或惡的可能。

　　當然，小孩還別有可憎處。范德之教授說不曾為人父母的，沒資格寫小說，因為「還沒有真正經歷過人生的苦難」。他是我所熟知的人當中，對小孩的喧鬧最深惡痛絕的一位。蘇軾《東坡集》裡有一個對付小孩吵鬧的辦法：「塗巷小兒薄劣，為其家所厭苦，輒與數錢，令聚坐聽說古話。」為當時的街巷說書留下了一個難得的紀錄，也證明童心自來就是「不古」的，【乙】戲嬰圖裡那些肥嘟嘟、一團和氣的小孩，是千百年來大人們從來沒有實現過的夢。

　　【丙】文人當中特別喜歡小孩和特別厭苦小孩的都有。前者如寫《愛麗絲漫遊奇境記》的路易斯‧卡羅，後者如英國詩人拉肯。卡羅一生結交無數小朋友，其不朽之作《愛麗絲漫遊奇境記》便是他說給他最鍾愛的小女孩愛麗絲聽的故事發展出來的。拉肯則正相反，「小孩無非自私、吵鬧、殘忍與粗俗」，【丁】生命對於他，只是一代代把悲慘傳遞下去。

　　巧合的是，卡羅和拉肯有許多相似之處，兩人都口吃，生性羞怯，有反社會的傾向。拉肯的飯桌前據說從來沒有過一張以上的椅子，因為深怕客人會留下來吃飯。卡羅有坐立不安的毛病，不善交際，只有面對小朋友時才諧趣自在。

　　兩人更大的相似是都終生未婚，固然也各自有他們的理由。但，也許，識得了孩子的真相——不管是最可愛的還是最不可愛的——也就臨近了生命的真相。這，使人在面對由自己來延續生命的可能時，會悚然心驚舉足不前吧

　　　　　　　　　　　　　　—— 改寫自黃碧端〈愛憎童蒙〉

35. 依本文所舉古今文人對小孩的好惡，下列敘述何者正確？

    (A) 范德之教授認為，面對小孩的喧鬧是一種人生苦難

    (B) 從《東坡集》可知蘇軾喜歡說故事安撫吵鬧的小孩

    (C) 卡羅雖不喜歡小孩，卻是享譽國際的兒童文學家

    (D) 拉肯與卡羅對小孩的看法相近，所以都終生未婚

36. 文中畫線處，何者最能呼應末段「不管是最可愛的還是最不可愛的」這句話？

    (A) 甲   (B) 乙

    (C) 丙   (D) 丁

請閱讀以下短文，並回答 37～38 題：

    秋刀魚是一群擠成一團的迴游性小型魚類，像羔羊群一樣，遇到獵食者突襲時，除了逃，沒什麼其他本領。牠的外體沒任何硬刺，不像許多魚有背刺、鰓蓋棘或尾柄鉤，多少讓獵食者受點苦頭。體內細刺多，胸刺如髮絲柔細，骨骼帶點青綠色，曾被以為和重金屬汙染有關。

    一般用來引誘魚隻上鉤的魚餌，除了鮮、肥，更講究的是要夠腥、夠臊。秋刀魚肥美多油、體味重，符合餌料的條件。牠原生在高緯度的冷海水域，初從日本進口到臺灣時，「烤秋刀」曾是名貴的海鮮料理。後來，臺灣遠洋漁船開發了庫頁島、北海道附近的漁場，漁獲暴增，秋刀魚變成處處看得到、人人吃得起。量多價賤，從高貴到不貴，牠不再只是岸上的海鮮，熱帶水域裡永遠飢餓的獵食者，也因而得以品嚐秋刀魚的美味。

                               —— 改寫自廖鴻基〈秋刀魚〉

---

37. 根據本文，下列關於秋刀魚的敘述何者正確？
　　(A) 外體無硬刺，所以適合作爲魚餌
　　(B) 骨骼呈青綠色，是重金屬汙染所致
　　(C) 價格滑落，是臺灣遠洋漁業發展的結果
　　(D) 因肥美多油、腥臊味重，曾是名貴的料理

38. 關於本文的寫作手法，下列敘述何者最恰當？
　　(A) 以細筆刻劃秋刀魚的外型特徵
　　(B) 以今昔對比說明秋刀魚價格的高低變化
　　(C) 藉羔羊群比喻秋刀魚具有高度的團隊精神
　　(D) 藉熱帶水域的高貴魚種凸顯秋刀魚味美價廉

請閱讀以下短文，並回答39～40題：

　　　　晚明文人旅遊風氣很盛，遊必有記，但大部分是「小品」，像張岱的〈湖心亭賞雪〉、〈西湖七月半〉，袁宏道〈鑑湖〉、〈雨後遊六橋記〉，都是短程定點旅遊，所記也是很個人的內心抒發──因景而生的末代感傷，恍惚驚愕，繁華夢醒。

　　　　同時代的《徐霞客遊記》很不一樣，徐霞客花了三十年，足跡遍及大江南北。他翻山越嶺、過河渡湍，所經歷之人文風俗、景觀異致、地質奇貌、種族宗教……，無不一一記錄，留下三十餘萬字的遊記與資料。

　　　　清人潘耒形容徐霞客：「途窮不憂，行誤不悔，暝則寢樹石之間，飢則啖草木之實，不避風雨，不憚虎狼，不計程期，不求伴侶，以性靈遊，以軀命遊，亙古以來，一人而已。」徐霞客曾在旅途中遭土匪洗劫一空，友死心慟，有人勸他返鄉，

他仍堅定的說：「吾荷一鍤來，何處不可埋吾骨耶？」可見他不但有登山客的勇氣，還有探險家的毅力，更有豁達的人生觀。

—— 改寫自謝邦振〈徐霞客 穿越古今五百年〉

39. 根據本文，關於《徐霞客遊記》與其他晚明文人遊記的比較，下列敘述何者錯誤？

> 📖
> 1. 暝：音ㄇㄧㄢ，通「眠」

(A) 二者皆有因景而生、繁華夢醒的末代感傷
(B) 二者皆為旅遊風氣之下的產物，遊必有記
(C) 前者為多方探遊的記錄，後者多為定點描述
(D) 前者主人翁常涉險阻，後者主人翁多就近尋訪

40. 文中哪一句最可以看出徐霞客豁達的生命態度？
(A) 翻山越嶺、過河渡湍
(B) 暝則寢樹石之間，飢則啖草木之實
(C) 不計程期，不求伴侶
(D) 吾荷一鍤來，何處不可埋吾骨耶

請閱讀以下短文，並回答41～42題：

一架飛機能在空中飛行，實在是件十分奇妙的事：藉著引擎推動令飛機產生前進的速度，機翼因而產生升力承托飛機飛行。然而引擎動力和機翼所能產生的升力有限，機師在起飛及降落時必須注意飛機的性能狀態，以配合機場的天氣與地理環境。如遇上跑道有順風或地面氣溫較高，或機場位於海拔數千呎時，則需要較長的跑道，而飛機的負載量亦要相對減少。以

南非 約翰尼斯堡機場為例，該機場海拔 5500 呎（約 1676 公
尺），空氣較地面稀薄，引擎所能發出的動力較接近海面高度時
稍差；夏季時，地面氣溫可高達攝氏 34 度，雖然該機場的跑道
有 13000 多呎長，但一架波音 747-400 型的飛機，即使用上了
最大的起飛引擎動力，也只能負載 370 公噸左右的重量，比它
的最大負載重量還少了約 20 公噸。

——改寫自馮志亮〈不同跑道環境的挑戰〉

41. 根據本文，下列敘述何者錯誤？
    (A) 飛機負載量與起降機場的風向、氣溫有關
    (B) 機翼產生的升力帶動引擎，推動飛機前進
    (C) 波音 747-400 型的飛機最大負載重量大約是 390 公噸
    (D) 約翰尼斯堡機場夏季受氣溫影響，飛機須調整負載量

42. 某飛機將在四個機場停留，下表是各機場在該飛機起飛時的環
    境狀況。在相同載重條件下，根據本文，這架飛機於哪一座機
    場起飛時所需的跑道可能最短？

機場	地理位置	氣溫（℃）	風向
(A)	高原	15	順風
(B)	高原	35	逆風
(C)	平原	35	順風
(D)	平原	15	逆風

請閱讀以下詩文，並回答 43～44 題：

去看白翎鷥[1] 吳晟

我們通常選擇
太陽即將靠近海洋的下午
驅車抵達海邊村落
穿越一野蘆筍園
迎面望見，數排青青樹籬
懸掛紅色的燈籠花
那裡，有一個祕密
藏在田園後方的小山崙
我們屏息守候
不久響起一聲接一聲輕呼
看啊！四面八方飛掠而來
或十或百、成群的白翎鷥
從海岸覓食歸巢
在天空迴旋出優美的弧線

目光還來不及跟隨
牠們翱翔的姿勢，已和晚霞
輕輕滑落小山崙的樹梢
引起枝頭一陣晃動
像白色浪花激盪在藍色海洋
這款擺的韻律
吸引我們專注的仰望

與白翎鷥美麗邂逅
是荒野中難得的驚喜
不敢太靠近，更不敢向人張揚
只能悄悄讚歎
彷如謹守相惜的約定

只因這是躲過開發計畫
幸而留存的保安林地
濃密的灌木叢
可讓群鳥安心棲息生育
唯恐粗野的賞鳥人潮
驚嚇了白翎鷥僅有的家園

暮色催我們離去
回程忍不住唱起兒歌
白翎鷥、擔畚箕、擔到叨位[2]去
擔到童年的牛背
居家附近水田溝邊
這一步一昂首一啄食的尋常蹤跡
如今竟需驅車探訪
沿途追索迢遙的記憶

43. 根據本詩，作者將田園後方小山崙白翎
鷥翱翔的景象視為「祕密」的理由，最
可能是下列何者？

> 1. 白翎鷥：白鷺鷥
> 2. 叨位：哪裡

(A) 賞鳥的樂趣純屬於個人的主觀領會，只宜自己獨享
(B) 白翎鷥群飛的景象已不易見，故不願宣揚其巢居地
(C) 田園後方的小山崙是作者童年嬉戲玩耍的祕密基地
(D) 白翎鷥喜尋隱密的地方棲身，因此不容易被人發現

44. 關於本詩的賞析，下列敘述何者錯誤？

    (A) 詩中運用不同顏色詞彙，呈現大自然的鮮明生動

    (B) 以白浪花款擺的韻律比擬白翎鷥飛落樹梢的姿態

    (C) 從「謹守相惜的約定」可看出作者珍惜與白翎鷥的邂逅

    (D) 以「迢遙的記憶」強調與白翎鷥相遇只存在於童年過往

請閱讀以下詩文，並回答 45～46 題：

> 　　野火燎荒原，霜雪日皜皜₁。牛羊無可噍₂，眾綠就枯槁。天地心不泯，根芽蟄深杳₃。春風一披拂，顏色還媚好。如何被兵地，黎庶不自保。高門先破碎，大屋例傾倒。間或遇茅舍，呻吟遺稚老。常恐馬蹄響，無罪被擒討。逃奔深谷中，又懼虎狼咬。一朝稍甦息，追胥₄復紛擾。人生值艱難，不如路傍草。
>
> 　　　　　　　　　　　　　　—— 改寫自方回〈路傍草〉

45. 關於本詩的分析，下列敘述何者錯誤？

    (A) 是一韻到底的五言古詩

    (B) 可歸類為社會寫實派的作品

    (C) 通篇使用倒敘手法追述沿途所見

    (D) 內容包含戰亂與官吏壓迫的描述

> 📖
> 1. 皜皜：潔白貌。皜，音ㄏㄠˇ
> 2. 噍：音ㄐㄧㄠˋ，嚼
> 3. 蟄深杳：蟄，伏藏。深杳，很深
> 4. 追胥：催徵賦稅的小吏

46. 本詩的主旨最可能是下列何者？

    (A) 與其羨慕路傍草，不如勇於面對人生困境

    (B) 嚴冬野草尚有生機，人在亂世卻難以生存

    (C) 人當學習野草深植其根、燎而復生的精神

    (D) 讚賞路傍草隨遇而安，高門茅舍皆可生長

以下是兩篇內容相關的短文，請閱讀並回答 47～48 題：

【甲】

　　司馬昭專權，帝欲殺之，反為賈充、成濟所害。昭入殿中，召群臣會議。尚書左僕射陳泰不至，昭使其舅尚書荀顗召之，泰曰：「世之論者以泰方於舅，今舅不如泰也。」子弟內外咸共逼之，乃入，見昭，悲慟，昭亦對之泣曰：「卿何以處我？」泰曰：「獨有斬賈充，少可以謝天下耳。」昭久之曰：「卿更思其次。」泰曰：「惟有進於此，不知其次。」昭乃不復更言。

　　　　　　　　　　　　—— 改寫自《資治通鑑・魏紀九》

【乙】

　　帝崩，內外喧譁。司馬昭問陳泰曰：「何以靜之？」泰云：「唯殺賈充以謝天下。」昭曰：「可復下此否？」對曰：「但見其上，未見其下。」

　　　　　　　　　　　　—— 改寫自《世說新語・方正》

47. 關於甲篇中的人物，下列推論何者最恰當？

　(A) 賈充是司馬昭陣營的人馬

　(B) 陳泰為了救荀顗而見司馬昭

　(C) 司馬昭與陳泰因權臣橫行而對泣

　(D) 眾人認為陳泰應比荀顗早一步進宮

48. 根據甲篇內容，可推測乙篇陳泰所言「但見其上，未見其下」的涵義最可能是下列何者？

　(A) 指出賈充屢獲晉升卻未曾被貶官

　(B) 認為殺賈充是最起碼的處置方式

　(C) 批評司馬昭遇事時未能顧及下屬

　(D) 諷刺司馬昭只知媚上卻無法服眾

108年國中教育會考國文科試題詳解

一、單題：(1~34題)

1. **D**

【解析】 由「在生物圖鑑與動物園裡找不到，牠和蛟龍、鳳凰一樣，都是虛構的動物，□存在文化裡」，既然是虛構的動物，可見僅存在文化裡，故□可填入轉折或限定關係的連接詞，可選 (A)「但」、(B)「只」。再者「(饕餮)都是虛構的動物，只存在文化裡，□□活靈活現」，可從「虛構」與「活靈活現」的矛盾關係，推知語意轉折，故可選 (B)「可是」、(D)「但卻」。最後順著「活靈活現」的形象進一步說明，可知「□□有鮮明的圖樣形象，□繁殖出豐富的語意象徵。」此二句為遞進關係，因此選「不只……還……」，故答案選 (D)。

2. **A**

【解析】 題幹說朋友之間無所求，可知朋友交往是純粹的，是不帶有目的，故答案選 (A)。

3. **D**

【解析】 (A)「民眾『都具有』赤子之心」這句話過度推論。

(B) 有些交通事故的肇事原因並不能全歸咎於砂石車司機，因此「所有砂石車司機都是惡意的肇事者」一句以偏概全、過度推論。

(C) 「選前造勢晚會，聚集數萬群眾，聲勢浩大」，並不能斷定某民代一定勝券在握，報導時流於主觀判斷。

(D) 腸病毒確實有可能導致孩子死亡，記者報導醫生提出的警告屬於客觀的醫學防疫報導，故答案選 (D)。

4. **C**

【解析】　從文中「就像吹泡泡」與「收穫滿滿的過程」可知作者想表達：我們應重視過程中的豐收，而非在意是否有完美結果，故答案選 (C)。

5. **D**

【解析】　由題幹「先轉移敵人目標」再「攻其不備」得知答案應選 (D)。

　　　　(A) 拋磚引玉：將磚拋出，引回玉來。多謙稱自己先發表不成熟的意見，以引出別人的高見。

　　　　(B) 裡應外合：裡外相互配合。

　　　　(C) 趁火打劫：趁人之危，從中取利。

　　　　(D) 聲東擊西：比喻虛張聲勢，使人產生錯覺，實則集主力攻擊於不備之處。

6. **D**

【解析】　由題幹提及的六項巡視要點得知，漢朝刺史巡視的主要對象是地方豪強與各級高官並「督察」有無「恃強凌弱」、「損公肥私」、「草菅人命」、「任人唯親」、「仗勢欺人」、「勾結地方豪強」、「牟取不法利益」等不法情事，故答案選 (D)。

7. **A**

【解析】(B) ㄔㄣˊ → ㄓㄢˋ。

(C) ㄎㄞˊ → ㄇㄞˊ。

(D) ㄅㄧˇ → ㄓ。

8. **C**

【解析】題幹意爲：在閒暇時誦讀優美的詩文，山水美景如在眼前。夜讀時興味盎然地尋章摘句，月白風清的景色躍然紙上，故選 (C)。

9. **B**

【解析】(A) 什麼事都非要打破沙鍋問到底不可「？」→「。」

理由：語意完足且爲肯定語氣，宜用「句號」。

(C) 一來，我沒有這份才能「、」→「；」

理由：複句中平列的句子，宜用「分號」隔開。

(D) 文明的現代「：」→「，」／戰爭仍然層出不窮，不禁令人懷疑「——」→「：」／歷史是前進的，抑或倒退的「。」→「？」

理由：首句語意未完，宜用「逗號」／開啓下文，宜用「冒號」／提出疑問，宜用「問號」。

10. **A**

【解析】(A) 力透紙背：寫字時運筆力道穿透到紙的另一面。形容書法遒勁有力。用詞恰當，句意通順。

(B) 宵衣旰食：天未亮就穿衣起身，天黑了才吃飯。形容勤於政事。

(C) 吃軟不吃硬：謂接受溫和的要求，拒絕強硬的脅迫。

(D) 捉襟見肘：謂拉整一下衣襟就露出手肘，形容衣衫襤褸，生活窮困。後引申為顧此失彼，處境困難。

11. **A**

【解析】由「不苟且」可知其懂得自我要求；由「不霸道」可知其懂得尊重別人；由「不掠奪」可知其懂得保育自然，故選 (A)。

12. **D**

【解析】(A) <u>巴提族</u>信奉<u>伊斯蘭教</u>，<u>雪巴族</u>信奉<u>佛教</u>。

(B) <u>巴提族</u>住在<u>巴基斯坦</u>北部的高山河谷，<u>雪巴族</u>世居<u>尼泊爾</u>。

(C) <u>巴提族</u>具有「對外人沉默懷疑以及毫不妥協的宗教信仰」，迥異於信奉<u>佛教</u>的<u>雪巴</u>人。

(D) 由「他們體型瘦小、耐力驚人，具有生存在鮮有人造訪的高海拔地區的卓越能力，『這些』都不免讓人聯想起<u>巴提族</u>人在東邊的遠親——<u>尼泊爾</u>的<u>雪巴族</u>。」可見<u>雪巴族</u>和<u>巴提族</u>都具備『這些』能力，故答案選 (D)。

13. **C**

【解析】(A) 「兢兢」→「兢兢」。

(C) 「載」→「戴」。　　(D) 「號」→「耗」。

14. **B**

【解析】 (A) 引文中「寫的小說千篇一律」指「現代年輕人寫作手法過於單調」。

(B) 文中未提及現代年輕人寫小說的缺點「均以第一人稱的觀點表述」,故答案選 (B)。

(C) 引文中「都是兩個面貌模糊的人」指「小說人物缺乏性格與特色」。

(D) 引文中「在一個空曠的地方對話」指「欠缺場景的描繪與氣氛的營造」。

15. **C**

【解析】 題幹「向默默耕耘者學習等待」、「向堅持不懈者學習勇敢」說明應該學習善者的優點。「從高傲的人身上學會了彎腰」、「從奢靡的人身上學到了簡樸」說明不善者的缺點可作為借鑒。可見不論善者或不善者都有我們值得學習、借鑑之處,故選 (C)。

【語譯】 (A) 學得的知識學問,時常加以溫習,不是讓人很喜悅嗎?

(B) 人們犯的過錯,各有不同的類別。觀察他人所犯的過錯,就知道這個人是否具備仁德了。

(C) 三人同行,其中必定有我值得效法或作為警惕的人。選擇他們的優點加以學習,把他們的缺點當作借鏡。

(D) 君子不莊重就不會有威儀,學習也不會穩固。一切以忠信為本。不要結交品德比不上自己的朋友。有錯誤不要害怕改正。

16. **C**

【解析】　「能言善道」的「善」就是「擅長」的意思，因此「擅長」一詞宜刪除，故答案選 (C)。

17. **D**

【解析】　(A) 上聯「若」字的「撇」筆如果不「撇」出去就是「苦」字。句義雙關，勉人應「撇」開塵俗的一切煩憂，方能離苦得樂。

(B) 下聯「各」字的「捺」筆只有收住不出才是「名」字，句義雙關，勉人忍小忿而就大謀，方能獲得美名。

(C) 上聯的末字「苦」爲仄聲，下聯的末字「名」爲平聲，符合「仄起平收」的原則。

(D) 由 (A)(B) 的解析，可知作者善用字的形義結合，隱含人生哲理，發人深省，十分巧妙，故答案選 (D)。

18. **B**

【解析】　(A) 對人稱自己父親爲「家嚴」，「令尊」是尊稱別人父親。稱謂使用正確，不應修改。

(B) 「聖誕」，泛指神、仙、佛、菩薩的生日，一般人生日稱「壽誕」。此選項修改正確。

(C) 「桃樽」指壽宴。「桃符」即「春聯」。詞語使用正確，不應修改。

(D) 「謹稟」，敬詞，謹慎恭敬的稟告。「叩首」，不是末啓詞，伏身跪拜，以頭叩地之意。爲古代的最敬禮。「謹稟」使用正確，不應修改。

19. **A**

【解析】 由「初謂未及，中則過之，後乃通會」說明了學習書法的進程與境界，故答案選(A)。引文出自孫過庭《書譜》。

【語譯】 學習書法的方法，初期先學字體結構，要講求平穩方正；當掌握平正的原則後，應盡力追求變化特出的筆法；當練出自己的獨特風格之後，又要回歸到最初平正的原則。初期可能無法達到平正的境界，中期可能又過度強調筆法的獨特變化，最後才能將兩者融會貫通。

20. **C**

【解析】 由「另兩條支流皆發源於高土山北麓」可知地圖上的甲為「高土山」。由「最大支流瓦里蘭溪發源自初雲風景區」可知地圖上的乙為「初雲風景區」。由「溪水來到日月鎮 光明里，匯進藍水溪」可知地圖上的丙為「光明里」。丁為藍水溪匯入青水溪的地方，但文中並未提及丁的地名。

21. **A**

【解析】 (A) 身分卑微　　　　　(B) 知道／全部
(C) 長／建造、興建
(D) 詳細追究／窮困。一窮二白：形容非常貧窮落後。

22. **B**

【解析】 作者以諸葛亮「文采不豔」與六朝、隋、唐「穠華纖巧」的文風與感染力相比較，進而歸結出

「然則文之爲文，豈必多且麗乎哉？」的結論。
可知作者認爲：文詞過度雕琢的作品，難以流傳
後世；文詞自然率眞的作品，方能打動人心，故
選 (B)。引文出自宋 眞德秀《西山文集》。

【語譯】　諸葛亮文采雖然不華麗，但他所作的前後〈出師
表〉，至今仍爲學者所稱頌。有志之士常一邊誦
讀，一邊擊節讚賞，甚至有人讀到感動落淚。反
觀六朝、隋、唐的文人動輒寫出數十、上百篇的
文章，文詞豔麗精巧，極盡雕琢之能事，但有的
人最終卻沒有隻字片語流傳後世。旣然如此，文
章之所以能成爲文章，難道一定要篇數衆多且文
字華麗嗎？

23. **A**

【解析】　由「主上尊賢待士，常恐不及，豈惜一後湖？所
乏者知章爾」可知徐鉉暗諷馮謐無賀知章之才華，
豈能獲得唐玄宗豐厚賞賜，故答案選 (A)。引文出
自宋 鄭文寶《南唐近事》。

【語譯】　金陵城北方有座玄武湖，是著名的園林名勝，園
中光影交映、景色優美如畫。有一天，群臣在等
待上朝時，談到了可供退隱的地方，馮謐馬上舉
了唐玄宗在賀知章辭官還鄉時賞賜三百里鏡湖的
事，說：「我不敢奢望得到這般的待遇，但若能把
玄武湖賞賜給我，就足以使我此生大感暢快了。」
吏部的徐鉉柔和的回說：「當今聖上禮賢下士，常
常認爲自己做得還不夠，他怎麼會吝惜一座後湖
呢？只是當今缺乏像賀知章這樣值得封賞的人才
罷了！」馮謐聽了大感羞愧。

24. **B**

【解析】 金文是<u>商</u>、<u>周</u>時期鑄造在青銅器上的文字,故答案選 (B)。

(A) 小篆是<u>秦代</u>通行於全國的字體。

(C) 隸書是<u>漢代</u>主要書寫的字體。

(D) 甲骨文是<u>殷商時期</u>刻在龜甲、獸骨上的文字。

25. **B**

【解析】 (A) 櫛風沐雨:以風梳髮,以雨沐浴。比喻在外奔走,極為辛勞。

(B) 越俎代庖:指掌管祭祀的人放下祭器代替廚師下廚。比喻踰越自己的職分而代人做事。

(C) 肝腸寸斷:比喻悲傷到了極點。

(C) 笨鳥先飛:比喻能力差的人,做事時唯恐落後,往往比別人先動手。今多用作謙詞。

26. **C**

【解析】 「以口吮毫」是為了「急欲獲致水墨滲渲的效果」,而從「生紙易滲水墨」可知此人是在生紙上作畫,與用熟紙的工筆畫不同,故答案選 (C)。

27. **C**

【解析】 由「今子任<u>晉國</u>之政,而問及小人,又求賢人,吾是以賀」可知,<u>壯馳茲</u>認為<u>趙簡子</u>禮賢下士、謙恭待士的態度足以讓<u>晉國</u>興盛,因此向他祝賀,故答案選 (C)。引文出自《國語·晉語》。

【語譯】　趙簡子問壯馳茲說：「東方的才士誰較高明？」壯
　　　　　馳茲說：「請讓我祝賀您！」簡子說：「你還未回
　　　　　答我的問題，為何祝賀我呢？」壯馳茲回答：「我
　　　　　聽說：一個國家將要興盛時，上位者自認為還有
　　　　　很多不足之處；國家將要衰亡時，卻覺得自己足
　　　　　以應付所有。現在您掌管晉國的國政，而問及我
　　　　　這樣卑微的人，又求賢若渴，我因此祝賀您。」

28. **D**

【解析】　從引文中「君子不以口譽人」、「問人之寒則衣
　　　　　之」、「問人之飢則食之」與「稱人之美則爵之」，
　　　　　代表為政者以具體的行動，回饋表達對人民的關
　　　　　心，而非口惠而實不至，故答案選 (D)。引文出
　　　　　自《禮記·表記》。

【語譯】　孔子說：「上位者不以華而不實的言語恭維人，這
　　　　　樣百姓自然會忠實、勸人向善。所以，上位者詢
　　　　　問人家是否寒冷時，就會送衣服給他穿，詢問到
　　　　　別人是否飢餓時，就會送食物給他吃，讚賞別人
　　　　　的美德時，就賜給對方官位。」

29. **C**

【解析】　從「今法有誹謗妖言之罪，是使眾臣不敢盡情」
　　　　　與「將何以來遠方之賢良？其除之」，可知，因
　　　　　「誹謗妖言之罪」的法令，將導致「眾臣不敢盡
　　　　　情，而上無由聞過失」的結果，因此請求撤除
　　　　　「誹謗妖言之罪」，故答案選 (C)。引文出自《史
　　　　　記·孝文本紀》。

【語譯】 古代治理天下，朝廷設有象徵進納善言的旗子以及讓百姓書寫朝政缺失的木牌，用以暢通治國的途徑，以便招徠進諫的臣民。現今的法令中有誹謗朝廷、妖言惑眾的罪名，這會使得眾臣不敢說真話，皇帝也因而無從聽聞自己的過失。這樣怎麼能夠招徠遠方的賢良之士呢？應當要廢除這種法令條文。

30. **C**

【解析】 (A) 文中並未提及酸餡兒饅頭是否跟隨<u>佛教</u>傳入<u>中國</u>，僅提及<u>佛教</u>在<u>宋朝</u>時期已深入各階層，社會流行吃素，因此酸餡饅頭才會大受歡迎。

(B) 宋朝把酸餡兒饅頭當作素包子的統稱，因此也將其他口味的素包子歸類在其中，這並不代表豆沙包子和芥菜包子皆是酸的。

(C) 從雪裡紅包子「賣得特別多」，可知這口味最受大眾歡迎，故答案選 (C)。

(D) 學者校書時是因為不了解<u>宋朝</u>飲食文化，因此才會把「酸餡」寫成「餕餡」。

31. **A**

【解析】 從題幹中的「無名女人 —— 漂母」、「大智若愚的隱者 —— 漁父」與「書寫了主流價值之外的另一種信仰」，可知作者認為《史記》記錄了平凡人物與重要歷史人物的互動，凸顯尋常百姓在歷史上也有其意義，故答案選 (A)。

32. **B**

【解析】 由「公之才若垂天之雲」而「(歐公)自言終身學不能到」可知蘇東坡認為歐陽脩才華遠勝古人，卻謙稱自己遠不如古人，故答案選 (B)。引文出自北宋 蔡絛《西清詩話》。

【語譯】 東坡說：「歐陽脩喜愛古人『竹徑通幽處，禪房花木深』、『柳塘春水漫，花塢夕陽遲』等詩句，且說自己一輩子都學不到這樣的詩句。這些固然是佳句，但只不過是鳳凰的一根羽毛。其實歐陽脩的文才就像天上的彩雲，那些詩句有什麼好稱道的呢？這情形不就像討厭珍饈美食，而竟然喜愛螺、蛤這些普通的食物呢？」

33. **D**

【解析】 「心雖勤而無獲」表達學習不得要領而導致事倍功半，而學習若能掌握要領，效果自然像「順流馭舟」事半功倍，因此宜選「體不勞而致遠」，故答案選 (D)。引文改寫自葛洪《抱朴子》。

34. **D**

【解析】 (A) 從文中可知盆景始於漢、唐，而王鏊於《姑蘇志》稱虎丘人製作的盆景清雅可愛。

(B) 劉鑾於其作品《五石瓠》裡指出元人因盆景細小而命之為「些子景」。劉鑾為清代人並非元朝人。

(C) 文中指出姑蘇人不但擅長營造園林之美，也以製作盆景馳名。

(D) 由「長者屈而短之，大者削而約之」可知製
作盆景之特色，答案選 (D)。引文出自<u>梁實秋</u>
〈盆景〉。

二、題組：(35～48 題)

<u>35-36 為題組</u>

35. **A**

【解析】(A) 由「<u>范德之</u>教授說不曾為人父母的，沒資格
寫小說，因為『還沒有真正經歷過人生的苦
難』。他是我所熟知的人當中，對小孩的喧鬧
最深惡痛絕的一位。」可知答案選 (A)。

(B) <u>蘇軾</u>在《東坡集》說：「<u>王彭</u>曾說：『街巷中
的小孩品性不良，家裡人對他們很厭煩，就
給他們一些錢，讓他們聚在一起坐著聽人講
古代故事。』」文中未提及<u>蘇軾</u>親自說故事安
撫小孩。

(C) 由「<u>卡羅</u>一生結交無數小朋友，其不朽之作
《愛麗絲漫遊奇境記》便是他說給他最鍾愛
的小女孩<u>愛麗絲</u>聽的故事發展出來的」可知，
<u>卡羅</u>喜歡小孩。

(D) 由「<u>拉肯</u>則正相反，『小孩無非自私、吵鬧、
殘忍與粗俗』，生命對於他，只是一代代把悲
慘傳遞下去。」可知，<u>拉肯</u>特別厭苦小孩和
<u>卡羅</u>喜歡小孩的看法相反。

36. **A**

【解析】 由「純美的表相下隱藏無窮或善或惡的可能」可知小孩有善良可愛的一面,也有令人厭苦的一面,因此與末段「不管是最可愛的還是最不可愛的」相呼應,故選 (A)。

37-38 為題組

37. **C**

【解析】 (A) 秋刀魚符合作魚餌的原因是「肥美多油、體味重」。

(B) 文中提及秋刀魚「骨骼帶點青綠色,曾被以為和重金屬汙染有關」,可知秋刀魚過去因為青綠色的骨骼而被誤解遭受重金屬汙染。

(C) 由「臺灣遠洋漁船開發了庫頁島、北海道附近的漁場,漁獲暴增」、「量多價賤,從高貴到不貴」可知,答案為 (C)。

(D) 「肥美多油、腥臊味重」是指秋刀魚適合作為魚餌的條件,並非指成為名貴料理的原因。

38. **B**

【解析】 (A) 本文僅提及「牠的外體沒任何硬刺」並未細膩刻畫其外型特徵。

(B) 由「初從日本進口到臺灣時『烤秋刀』曾是名貴的海鮮料理。後來,臺灣遠洋漁船開發了庫頁島、北海道附近的漁場,漁獲暴增……量多價賤」可見作者藉由今昔對比說明秋刀魚價格從高貴到不貴的變化,故答案為 (B)。

(C) 由「像羔羊群一樣，遇到獵食者突襲時，除了逃，沒什麼其他本領」可知，秋刀魚遇敵時的反應跟羔羊群一樣只會逃竄，文中並未提及秋刀魚是否具有高度的團隊精神。

(D) 文中提及「牠不再只是岸上的海鮮，熱帶水域裡永遠飢餓的獵食者，也因而得以品嚐秋刀魚的美味」一句，是在說明因臺灣遠洋漁業的發展，價格低廉的秋刀魚成了餌料，才使得熱帶水域裡的獵食者得以吃到高緯度冷海水域的秋刀魚。文中並未提及「藉熱帶水域的高貴魚種凸顯秋刀魚味美價廉」。

39-40 為題組

39. **A**

【解析】 (A) 僅晚明文人的遊記有「因景而生、繁華夢醒的末代感傷」。「同時代的《徐霞客遊記》很不一樣」、「他不但有登山客的勇氣」、「更有豁達的人生觀」，故 (A) 選項的敘述有誤。

(B) 由「晚明文人旅遊風氣很盛，遊必有記」可知。

(C) 由「徐霞客花了三十年，足跡遍及大江南北」可知前者為多方探遊的記錄，而由「晚明文人旅遊風氣很盛……都是短程定點旅遊」可知後者多定點描述。

(D) 由「不避風雨，不憚虎狼」以及「曾在旅途中遭土匪洗劫一空」可知前者主人翁常涉險阻。而由「晚明文人旅遊風氣很盛……都是短程定點旅遊」可知後者多就近尋訪。

40. **D**

【解析】 「吾荷一鍤來，何處不可埋吾骨耶？」意指「我肩膀扛著鐵鍬，哪個地方不能埋葬我的屍骨呢？」表達出<u>徐霞客</u>堅定的探險意志與曠達的生命態度，故答案選 (D)。

<u>41-42 為題組</u>

41. **B**

【解析】 由「藉著引擎推動令飛機產生前進的速度，機翼因而產生升力承托飛機飛行」可知，引擎先推動飛機前進，再讓機翼因而產生升力，故 (B) 的敘述有誤。

42. **D**

【解析】 由「如遇上跑道有順風或地面氣溫較高，或機場位於海拔數千呎時，則需要較長的跑道」可推知，當載重條件相同時，跑道若要越短，其起飛環境則需要「機場地理位置的海拔要越低」、「地面氣溫較低」、「逆風」等三條件，(D) 選項最吻合這三個要件。

<u>43-44 為題組</u>

43. **B**

【解析】 由第三節「與白翎鷥美麗邂逅／是荒野中難得的驚喜」可知白翎鷥群飛的景象已不易見；以第四節「只因這是躲過開發計畫⋯⋯驚嚇了白翎鷥僅

有的家園」可知作者擔心白翎鷥會受到人潮的打擾，而「不敢向人張揚」，故答案選(B)。

44. **D**

【解析】「迢遙的記憶」意指童年「居家附近水田溝邊／這一步一昂首一啄食的尋常蹤跡」，可見在詩人的童年，白翎鷥是尋常景象。「如今竟需驅車探訪／沿途追索迢遙的記憶」可知，作者與白翎鷥的相遇是從童年一直到寫作當下都存在，故(D)的敘述有誤。

45-46為題組

45. **C**

【解析】本詩未使用倒敘法。作者藉由描寫大自然的生機復甦與社會慘況的對比，最後發出人不如野草的慨嘆，故(C)選項的敘述有誤。

46. **B**

【解析】由文中「春風一披拂，顏色還媚好」、「人生值艱難，不如路傍草」可知作者感嘆兵禍戰亂、官吏壓迫，以致生靈塗炭、民不聊生，表現出身處亂世竟比一株野草還要艱難，故答案選(B)。

【語譯】平原被野火焚燒後一片荒蕪，又被白茫茫的霜雪逐漸覆蓋。原本碧綠的草木變得枯槁，使得牛羊沒有草料可吃。幸而天地化育萬物之心尚未滅盡，植物的根芽伏藏在很深的地底。春風一吹拂，它

們便回復原本美好的樣貌與色彩。無奈遭逢戰亂，百姓無法自保。富貴人家率先被破壞，美輪美奐的屋宇大多倒塌。偶爾經過茅草屋舍，只聽見僅存老人、小孩的哀嘆聲。他們經常擔心馬蹄響起，自己就算無罪也會被逮捕處置。想要逃奔到深山幽谷中，又怕遭到虎狼攻擊。一旦稍微休養生息，催徵賦稅的小吏又不斷來騷擾。人活在世上如此艱難，還比不上路邊的一株野草。

47-48 為題組

47. **A**

【解析】 (A) 由賈充殺害魏帝一事，以及司馬昭不忍殺賈充的行為，可知他是司馬昭陣營的人馬，故答案選 (A)。

(B) 陳泰入宮的原因是遭眾人逼迫，而非去救荀顗。

(C) 陳泰因魏帝遭害而悲泣，司馬昭則擔心自己涉及此事而泣。

(D) 陳泰原本不願意進宮而介入其事，後來不得已才進宮。但文中並未提及應比荀顗更早進宮。

48. **B**

【解析】 由【甲】篇的「獨有斬賈充，少可以謝天下」、「惟有進於此，不知其次」，可推知【乙】篇的「但見其上，未見其下」，是指處死賈充是最輕微的處置方式了，故答案選 (B)。

【語譯】 【甲】司馬昭獨攬大權，魏帝曹髦想要殺他，卻反被賈充、成濟二人所殺害。司馬昭進入宮中，召集群臣一同商議如何善後。尚書左僕射陳泰沒來上朝，司馬昭派陳泰的舅舅尚書荀顗去召喚他來，陳泰說：「過去世人都說我陳泰的言行嚴正不偏，可以和您相比，今天看來您不如我陳泰。」家族子弟們都逼著陳泰前往，他不得已而入宮，見到司馬昭，悲慟欲絕，司馬昭也對著他流淚說：「您將如何對待我呢？」陳泰說：「只有殺掉賈充，才能稍稍謝罪於天下。」司馬昭考慮了很久才說：「您再想想有比這個輕的處置方式嗎？」陳泰說：「只有比這更重的，不知道有比這個輕的。」司馬昭就不再說話了。

【乙】魏帝死後，朝廷內外議論紛紛。司馬昭問陳泰說：「如何讓這件事平息下來？」陳泰說：「只有殺掉賈充，來向天下人謝罪。」司馬昭說：「有沒有比較輕一點的處置方法呢？」陳泰回答說：「處置的方法只能比這更重，沒有比這更輕的。」

108 年度國中教育會考
國文科公佈答案

題　號	答　案	題　號	答　案	題　號	答　案
1	D	17	D	33	D
2	A	18	B	34	D
3	D	19	A	35	A
4	C	20	C	36	A
5	D	21	A	37	C
6	D	22	B	38	B
7	A	23	A	39	A
8	C	24	B	40	D
9	B	25	B	41	B
10	A	26	C	42	D
11	A	27	C	43	B
12	D	28	D	44	D
13	C	29	C	45	C
14	B	30	C	46	B
15	C	31	A	47	A
16	C	32	B	48	B

108 年國中教育會考寫作測驗試題

請先閱讀以下資訊，並按題意要求完成一篇文章：

　　若參考上述「青銀共居」的事例，思考高齡化社會的相關議題，你對年輕人與銀髮族的互動或相處模式，有什麼期待？請就你與年長者的相處經驗，或生活周遭的觀察，表達你的感受或看法。

※文章不必訂題目
※不可在文中洩漏私人身分
※不可使用詩歌體

108年國中教育會考寫作測驗試題詳解

【作文範例】

青銀共居

宋裕國文教學團隊——連暉慈老師

　　我們正處在一個「青年創造時代，時代創造老年」的高齡化的社會。如何讓人口老化從趨勢變成優勢？傳統的家庭成員組合方式，是不是可以有一些改變？也許讓年輕人和老年人共享彼此的生活體驗，可以因應這一股時代脈動與時推移，替這個社會激發出意想不到的潛在動能。

　　在眾多文學和電影中，常會發現有十七歲的靈魂意外闖入七十歲的身體，或是七十歲的靈魂竄進十七歲身體所發生的種種生活趣事。日本動畫大師宮崎駿《霍爾的移動城堡》裡，得罪荒野女巫的女主角蘇菲，年輕的靈魂被裝進老朽的軀殼裡，她說了一句年輕人永遠得不到的體驗：「人老的好處就是沒什麼好怕了，也沒什麼好擔心失去了。」如果年輕人在彼此共享的生活中，能領悟到這種豁達開朗的心胸，在青春的路上所受的磨練和考驗，將不再是那麼地耿耿於懷。這股龐大的時間能量將灌輸給年輕人不怕挫敗的勇氣，站在拉遠的時間軸外，宏觀自己「也無風雨也無晴」的人生棋局。

今年母親節，媽媽邀請退休後的姨婆參與餐聚。性格豪爽、處事明快、充滿勇氣且富有同情心的姨婆曾經是職場上叱吒風雲的女強人。從年輕到樂齡，把全部的心力奉獻給工作，自從退休後，似乎連朋友也變得稀疏陌生起來。一個人居住的她，獨處的時間變多了，突然覺得家裡冷冷清清、空空蕩蕩，失去了職場，連生活的動力也失去了。最近，她把家裡多出來的空房間，租給了剛畢業初出社會工作的房客，除了在生活上相互照應，每天聽房客工作上的趣事或遭遇的困難，回想自己年輕時曾有過的風光與跌跌撞撞的時刻，和房客之間，除了一紙契約的關係，也多了傾訴與被傾訴的忘年情感，生活又燃起了光與熱。

飽含著青春能量的青年人，照拂著那完美年歲的風景，有情有景，交織成新世代的生活畫面，為老人長照露出一片曙光，不再只是面對「獨居」或「老人院」這兩種不得不的選擇。讓一個剛裝上翅膀、蓬勃起飛的青澀少年，有機會陪伴許多走過無數風霜歷練，繼續踽踽獨行的年老靈魂，從陌生到熟悉，共享人生路上一段充滿關懷的人情風景。對青年人來講「青銀共居」是難能可貴的成長經驗，而老年生活在繁華落盡的歲月裡，則重新感受到愛與熱情的溫度。烈日下，走進老榕樹的樹蔭乘涼，抬頭彷彿望見蔓藤新綠交纏而上的喜悅。

高三同學要如何準備「升大學考試」

　　考前該如何準備「學測」呢？「劉毅英文」的同學很簡單，只要熟讀每次的模考試題就行了。每一份試題都在7000字範圍內，就不必再背7000字了，從後面往前複習，越後面越重要，一定要把最後10份試題唸得滾瓜爛熟。根據以往的經驗，詞彙題絕對不會超出7000字範圍。每年題型變化不大，只要針對下面幾個大題準備即可。

準備「詞彙題」最佳資料：

　　背了再背，背到滾瓜爛熟，讓背單字變成樂趣。

考前不斷地做模擬試題就對了！

你做的題目愈多，分數就愈高。不要忘記，每次參加模考前，都要背單字、背自己所喜歡的作文。考壞不難過，勇往直前，必可得高分！

練習「模擬試題」，可參考「學習出版公司」最新出版的「7000字學測試題詳解」。我們試題的特色是：

①以「高中常用7000字」為範圍。②經過外籍專家多次校對，不會學錯。③每份試題都有詳細解答，對錯答案均有明確交待。

「克漏字」如何答題

　　第二大題綜合測驗（即「克漏字」），不是考句意，就是考簡單的文法。當四個選項都不相同時，就是考句意，就沒有文法的問題；當四個選項單字相同、字群排列不同時，就是考文法，此時就要注意到文法的分析，大多是考連接詞、分詞構句、時態等。「克漏字」是考生最弱的一環，你難，別人也難，只要考前利用這種答題技巧，勤加練習，就容易勝過別人。

準備「綜合測驗」（克漏字）可參考「學習出版公司」最新出版的「7000字克漏字詳解」。

本書特色：

1. 取材自大規模考試，英雄所見略同。
2. 不超出7000字範圍，不會做白工。
3. 每個句子都有文法分析。一目了然。
4. 對錯答案都有明確交待，列出生字，不用查字典。
5. 經過「劉毅英文」同學實際考過，效果極佳。

「文意選填」答題技巧

　　在做「文意選填」的時候，一定要冷靜。你要記住，一個空格一個答案，如果你不知道該選哪個才好，不妨先把詞性正確的選項挑出來，如介詞後面一定是名詞，選項裡面只有兩個名詞，再用刪去法，把不可能的選項刪掉。也要特別注意時間的掌控，已經用過的選項就劃掉，以免重複考慮，浪費時間。

準備「文意選填」，可參考「學習出版公司」最新出版的「7000字文意選填詳解」。

特色與「7000字克漏字詳解」相同，不超出7000字的範圍，有詳細解答。

「閱讀測驗」的答題祕訣

① 尋找關鍵字——整篇文章中，最重要就是第一句和最後一句，第一句稱為主題句，最後一句稱為結尾句。每段的第一句和最後一句，第二重要，是該段落的主題句和結尾句。從「主題句」和「結尾句」中，找出相同的關鍵字，就是文章的重點。因為美國人從小被訓練，寫作文要注重主題句，他們給學生一個題目後，要求主題句和結尾句都必須有關鍵字。

② 先看題目、劃線、找出答案、標題號——考試的時候，先把閱讀測驗題目瀏覽一遍，在文章中掃瞄和題幹中相同的關鍵字，把和題目相關的句子，用線畫起來，便可一目了然。通常一句話只會考一題，你畫了線以後，再標上題號，接下來，你找其他題目的答案，就會更快了。

③ 碰到難的單字不要害怕，往往在文章的其他地方，會出現同義字，因為寫文章的人不喜歡重覆，所以才會有難的單字。

④ 如果閱測內容已經知道，像時事等，你就可以直接做答了。

準備「閱讀測驗」，可參考「學習出版公司」最新出版的「7000字閱讀測驗詳解」，本書不超出7000字範圍，每個句子都有文法分析，對錯答案都有明確交待，單字註明級數，不需要再查字典。

「中翻英」如何準備

可參考劉毅老師的「英文翻譯句型講座實況DVD」，以及「文法句型180」和「翻譯句型800」。考前不停地練習中翻英，翻完之後，要給外籍老師改。翻譯題做得越多，越熟練。

「英文作文」怎樣寫才能得高分？

① 字體要寫整齊，最好是印刷體，工工整整，不要塗改。

② 文章不可離題，尤其是每段的第一句和最後一句，最好要有題目所說的關鍵字。

③ 不要全部用簡單句，句子最好要有各種變化，單句、複句、合句、形容詞片語、分詞構句等，混合使用。

④ 不要忘記多使用轉承語，像*at present*（現在），*generally speaking*（一般說來），*in other words*（換句話說），*in particular*（特別地），*all in all*（總而言之）等。

⑤ 拿到考題，最好先寫作文，很多同學考試時，作文來不及寫，吃虧很大。但是，如果看到作文題目不會寫，就先寫測驗題，這個時候，可將題目中作文可使用的單字、成語圈起來，寫作文時就有東西寫了。但千萬記住，絕對不可以抄考卷中的句子，一旦被發現，就會以零分計算。

⑥ 試卷有規定標題，就要寫標題。記住，每段一開始，要內縮5或7個字母。

⑦ 可多引用諺語或名言，並注意標點符號的使用。文章中有各種標點符號，會使文章變得更美。

⑧ 整體的美觀也很重要，段落的最後一行字數不能太少，也不能太多。段落的字數要平均分配，不能第一段只有一、兩句，第二段一大堆。第一段可以比第二段少一點。

準備「英文作文」，可參考「學習出版公司」出版的：